Moroccan Colloquial Arabic Vocabulary

Matthew Aldrich
with
Ayoub Trafeh

lingualism

© 2020 by Matthew Aldrich

The author's moral rights have been asserted.

All rights reserved. No part of this document may be reproduced or transmitted in any form or by any means, electronic, mechanical, photocopying, recording, or otherwise, without prior written permission of the publisher.

Cover art: © Can Stock Photo Inc. / khvost

ISBN-10: 978-1-949650-09-9

website: www.lingualism.com

email: contact@lingualism.com

Table of Contents

Introduction .... *iv*

How to Use This Book .... *v*

Pronunciation .... *vii*

Grammar .... *xi*

1. Life and Death 1

2. Family 6

3. Love, Marriage, and Sex 11

4. Names and Addressing People 14

5. The Human Body & Describing People 15

6. Clothing, Jewelry, and Accessories 30

7. The House 38

8. Food and Drink 50

9. Work 67

10. School and Education 74

11. Health and Medicine 83

12. Technology 89

13. Getting Around 92

14. Around Town 100

15. Buildings and Construction 102

16. Bank 104

17. Post Office 106

18. Books and Stationery 107

19. Shopping	109
20. Restaurant	112
21. Recreation and Relaxation	113
22. Music	123
23. Games and Sports	125
24. Travel and Vacations	132
25. Government and Politics	139
26. Crime and Justice	142
27. Money	145
28. Business and Commerce	148
29. Agriculture	150
30. Military	152
31. The Mind	154
32. Feelings	156
33. Personality	158
34. Likes and Dislikes	159
35. Opinions and Agreement	161
36. Desires and Intentions	162
37. Religion	163
38. Language	168
39. Countries and Nationalities	174
40. Morocco	179
41. Earth and Space	180
42. Weather	184

43. Animals	189
44. Plant Life	194
45. Colors	196
46. Shapes, Sizes, and Measurements	198
47. Quantity	200
48. Numbers	202
49. Time	208
50. Pronouns	216
51. Question Words	218
52. Adverbs	220
53. Conjunctions	224
54. Prepositions	227
55. Verbs	231
56. Adjectives	237
57. Greetings and Common Expressions	241
Index	*245*

Introduction

Vocabulary, much more than grammar, is the key to effective communication in Arabic. You need words to speak; you need words to listen and understand.

Knowing grammar inside and out won't save you if you don't have the right word to plug into the structure. You can walk into a shop armed with grammatical structures such as "I would like some __." or "Do you have any __?", but if you don't know the word for the thing you want, you may very well leave the shop empty handed. On the other hand, if you walk into that same shop and simply say "sugar", you're almost certain to get what went there for.

And without an extensive repertoire of vocabulary, you will understand very little of what others are talking about. Spoken Arabic, to your foreign ears, will remain little more than gibberish. But once you can understand the majority of what you hear, something magical happens. The input becomes manageable—you will be able to use contextual clues from what you do understand to guess the meaning of new words and start to make rapid progress in Arabic.

It is therefore very important to build up a large store of words as soon as possible. **Moroccan Colloquial Arabic Vocabulary** is an enormously effective means to this end. By presenting practical words and phrases categorized by topic and arranged with a logical flow, mental connections that assist in vocabulary retention are fostered. The page layout in parallel columns of English translation, and Arabic script provides a variety of ways to study the vocabulary by allowing you to cover columns and test yourself.

The accompanying MP3s, free to download from our website at **www.lingualism.com/mcav**, make up an invaluable part of the learning process, allowing you to hear and mimic native speakers' pronunciation, pitch, intonation, and rhythm. Additional study materials (Anki digital flashcards, e-book) are available separately from our website and provide even more powerful tools for rapid vocabulary acquisition.

Although extremely important, vocabulary still only makes up one aspect of learning a language. **Moroccan Colloquial Arabic Vocabulary** is the ideal supplementary tool to reinforce vocabulary acquisition. However, it is not meant to be a stand-alone course. It is expected that you have followed, are following, or plan to follow, a course in Moroccan Colloquial Arabic (MCA). Alternatively, you may have studied another dialect of Arabic, or Modern Standard Arabic

(MSA), and are curious to learn more about the MCA and tune your ears to the idiosyncrasies of this beautiful dialect.

I would like to extend a special thanks to Ayoub Trafeh for collaborating with me to make this book possible, providing authentic Moroccan Arabic translations of the items in this book, proof-reading the text, giving me valuable feedback and cultural insights to ensure the accuracy of the information, and recording the audio tracks.

The accompanying **MP3s** can be downloaded for free at:

www.lingualism.com/mcav

How to Use This Book

Moroccan Colloquial Arabic Vocabulary is made up of 57 thematic sections, each dedicated to a different topic.

You may study the sections and individual vocabulary items in any order or work through the book systematically. It is encouraged that you mark up and highlight the book as you use it. Make it your own. There is also a Notebook after the last section where you can add in more words you have learned from other sources.

Many words could logically belong to more than one topic. While some words do appear in more than one section, to avoid superfluous repetition of words, most appear only once. To your surprise, you might not be able to find common animals such as *cow* and *horse* in the section "Animals", for instance. This is because farm animals appear in the section "Agriculture" instead. This might not be entirely intuitive, so to solve this, an Alphabetical English index can be found at the back of the book.

- For nouns and adjectives having an irregular plural form, the plural appears in parentheses.
- If a noun is listed in its dual or plural ([pl.]) form, this is indicated.
- A noun ending in ة is feminine, and a noun *not* ending in ة is masculine. The gender is marked [m.] and [f.] for nouns which do not follow this rule.
- All countries, except those marked [m.] and all cities are feminine. Keep this in mind as countries and cities are not marked [f.].
- Normally, only the masculine version of nouns denoting humans is listed when the feminine equivalent can be formed by adding ة. For example, أُسْتاذ is a male teacher. A female teacher would be أُسْتاذة.
- For the sake of consistency and simplicity, the masculine singular form is used in expressions. You will need to use your knowledge of Arabic grammar to produce the feminine or plural equivalents.
- Some nouns are classified as *collective nouns.* An explanation of the usage of collective nouns appears on pages 56-57.
- Each verb appears in its base form (its most basic form without any prefixes or suffixes), which is the masculine singular past tense, literally "he did"; however, the English translation appears in its standard citation form: "to do". In order to use a verb in a sentence, it must be conjugated. Some basic rules for conjugation are laid out in the Grammar section.
- The Arabic script reflects common spelling conventions used by Moroccans. Of course, as there is no official spelling of a dialect, variations occur among native speakers. In this book, we strived for some consistency in spelling and style.
- A few words, which are vulgar or taboo, do not appear on the audio tracks because of their sensitive nature. These are marked *vulgar*.

Pronunciation

Moroccan Colloquial Arabic is a spoken dialect with no official status or rules of orthography. Moroccans tend to borrow spelling conventions from Modern Standard Arabic with some accommodations to account for MCA pronunciation. Arabic script, however, is ill suited to show the actual pronunciation of MCA. Even if you are comfortable with Arabic script, it is advised that you pay close attention the pronunciation on the audio tracks to mimic the native speaker's pronunciation.

Consonants

The following sounds are also found in English and should pose no difficulties for learners:

		examples
ب	[b] as in **b**ed	بْنْت (daughter)
د/ذ	[d] as in **d**og, but with the tongue touching the back of the upper teeth	دمّ (blood) ذاب (melt)
ف	[f] as in **f**our	فين (where)
گ	[g] as in **g**as	كُرْن (horn)
ج	[ʒ] as in plea**s**ure and bei**g**e	جا (come)
ه	[h] as in **h**ouse	هُوَ (he)
ك	[k] as in **k**id	كُلّ (all)
ل	[l] a light **l** as in **l**ove	لحْيَة (beard)
م	[m] as in **m**oon	مات (die)
ن	[n] as in **n**ice	نْسى (forget)
پ	[p] as in **sp**oon	پارْك (park)
س	[s] as in **s**un	سِنّة (tooth)
ش	[ʃ] as in **sh**ow	شمْش (sun)
ت/ث	[t] as in **t**ie, but with the tongue touching the back of the upper teeth	تينيس (tennis) ثَوْرَة (revolution)
ڤ	[v] as in **v**ery	ڤيزا (visa)
و	[w] as in **w**ord	وْجه (face)
ي	[j] as in **y**es	ياقوت (ruby)
ز	[z] as in **z**oo	زْوين (beautiful)

The following sounds have no equivalent in English and require special attention. However, some exist in other languages you may be familiar with.

ر	[r] tapped (flapped) as in the Spanish cara, or the Scottish pronunciation of tree	راجل (man)
غ	[ɣ] very similar to a guttural r as in the French Paris, or the German rot	غالط (wrong)
خ	[x] the unvoiced equivalent of غ, as in the German doch, Spanish rojo, or Scottish loch	خُذا (take)
ق	[q] like ك but further back, almost in the throat, with the tongue touching the uvula	قحْط (drought)
ح	[ħ] like a strong, breathy ه, as if you were trying to fog up a window	حبّ (like)
ع	[ʕ] a voiced glottal stop, as if you had opened your mouth under water and constricted your throat to prevent choking and then released the constriction with a sigh	عاش (live) باع (sell)
ء	[ʔ] an unvoiced glottal stop, as ع above, but with a wispy, unvoiced sigh; or more simply put, like the constriction separating the vowels in uh-oh	سُؤال (question)

The following sounds also have no equivalent in English but are emphatic (velarized) versions of otherwise familiar sounds. An emphatic consonant is produced by pulling the tongue back toward the pharynx (throat), spreading the sides of the tongue wide as if you wanted to bite down on both sides of your tongue, and producing a good puff of air from the lungs.

ص	[sˤ] emphatic s	صْعيب (hard)
ط	[tˤ] emphatic t	حيْط (wall)
ض/ظ	[ðˤ] emphatic d	مْريض (sick) مْظلّم (dark)

MCA lacks the sound of the emphatic consonant ظ [ðˤ] found in MSA. In MCA, ض and ظ are pronounced identically.

A consonant is marked doubled with the diacritic shadda (ّ).

Vowels

Keep in mind that it is better to mimic the pronunciation on the audio tracks as closely as possible, rather than try to align the vowel sounds of MCA with what you might be used to if you have studied Modern Standard Arabic (MSA). While in MSA, there are relatively few vowel sounds, in MCA, as in most dialects, we can find a richer range of vowel qualities. Some of these sounds seem to lie somewhere between the cardinal vowel sounds of MSA. That is, what is perceived by a Moroccan as fatha (َ /a/) may sound like something between fatha and kasra (ِ /i/) to us. In fact, we might say that short vowels in general in Moroccan Arabic have a rather relaxed quality, similar to a *schwa* sound (/ə/). The tashkeel (also known as voweling or diacritics) in this book reflect the sounds as perceived by Moroccans as either fatha, kasra, or damma (ُ /u/).

Likewise, the spelling of words, especially those borrowed from other languages, may not consistently represent the actual vowel sounds you hear. For example, you may see و and expect the sound /u:/ but hear something that sounds more like /a:/. So, again, rely on the audio tracks for accurate pronunciation—and not solely on the spelling.

The short vowels kasra (ِ) and damma (ُ) are marked accordingly. However, fatha (َ) is not marked, as it is the most common short vowel; instead, an unmarked consonant can be assumed to be pronounced with fatha. بْت (instead of بَتْ) represents /bant/. Fatha may be written adjacent to the letters و and ي to distinguish their pronunciation as a consonant (/w/ and /y/) from that of a long vowel (/u:/ and /i:/).

Sukuun (ْ) indicates that there is no vowel sound following the consonant; a word ending in a consonant is understood to be the final sound, so, to avoid redundancy, sukuun is not written: بْت (instead of بْتْ).

Notice the special use of diacritics in this book to represent various sounds of و and ي:

		examples
ـو	[u:] as in m**oo**n	توت *(strawberry)*
ـُوْ	[o:] as in t**oe** (but without the glide to [w])	مُوْف *(purple)*
ـَوْ	[aw] as in n**ow**	جَوْ *(weather)*
ـي	[i:] as in f**ee**d	بيت *(room)*
ـُيْ	[e:] as in d**ay** (but without the glide to [y])	خيْب *(bad)*
ـَيْ	[ay] as in n**igh**t	بَيّض *(egg)*

Grammar

This section provides a brief introduction to the grammar of Moroccan Colloquial Arabic. It covers the basics of noun and adjective inflections as well as verb conjugations—enough to allow you to plug in vocabulary from this book to form simple sentences. It also highlights some of the idiosyncrasies of MCA that distinguish it from other varieties of Arabic.

Nouns

Nouns in MCA are either masculine or feminine (in gender) and can be singular or plural (in number). A noun's gender and number are significant in that they determine the form that words (such as pronouns, adjectives, and verbs) relating to it will take.

Many nouns have irregular plural forms. In this book, common irregular plurals are given in parentheses. The regular plural suffix is ات for both masculine and feminine non-human nouns and also for feminine human nouns. Masculine human nouns take the regular plural ين.

حَيوان (animal) → حَيوانات (animals)

مرّة (time) → مرّات (times)

مُعلّم (male teacher) → مُعلّمين (teachers)

مُعلّمة (female teacher) → مُعلّمات (female teachers)

Most feminine nouns end in ة. In this book, feminine nouns that do not have this ending are labeled '[f.]'. A masculine human noun can normally be made feminine by adding ة, as with the example 'teacher' above.

The definite article ال is prefixed to a noun (or adjective).

بيت /bi:t/ (a room) → البيت /lbi:t/ (the room)

As in other varieties of Arabic, the ل /l/ sound is assimilated before certain consonants, known as sun letters, namely ت, ث, د, ذ, ر, ز, س, ش, ص, ض, ط, ظ, ل, and ن. For example, /al/ + /n/ = /ann/. In careful pronunciation, the definite article does not assimilate before ج.

شَمْش /shamsh/ (a sun) → الشَّمْش /shshamsh/ (the sun)
جَدّ /jadd/ (a grandfather) → الجَدّ /jjadd/ (or الجَدّ /ljadd/) (the grandfather)

In natural speech, the a- can be dropped from the definite article, especially at the beginning of an utterance. Moroccans may also leave the alif (ا) unwritten to reflect this pronunciation: لْكْتاب (the book). When preceding two consonants, this may also sound like /li/: لِكْتاب /liktāb/ (the book).

Demonstrative pronouns agree with the noun they modify in number and gender. The plural forms are used with both human and non-human plurals.

هاذا (this) [m.]	هاذاك (that) [m.]
هاذي (this) [f.]	هاذيك (that) [f.]
هاذو (these) [pl.]	هاذوك (those) [pl.]

هاذا كْتاب. (This is a book.) [lit. this... book]
هاذي مدْرسة. (This is a school.)
هاذو كْتوبة. (These are books.)

When used with a noun (as an "adjective"), a demonstrative precedes the noun it modifies. The noun takes the definite article. The forms for 'this' and 'these' lose their final vowel.

هاذ الكْتاب (this book) [m.]	هاذاك الكْتاب (that book) [m.]
هاذ المدْرسة (this school) [f.]	هاذيك المدْرسة (that school) [f.]
هاذ الكْتوبة (these books) [pl.]	هاذوك الكْتوبة (those books) [pl.]

هاذ الكْتاب كْبير. (This book is big.) [lit. this the-book... big.]
هاذ المدْرسة كْبيرة. (This school is big.)
هاذ الكْتوبة كْبار. (These books are big.)

Possessive constructions can be represented in a few ways. Possessive suffixes can be added to nouns.

كْتابي (my book)	كْتابْنا (our book)
كْتابك (your book) [m.] or [f.]	كْتابْكُم (your book) [pl.]
كْتابو (his book)	كْتابْهُم (their book)
كْتابْها (her book)	

The first three suffixes above take the forms ـيَ /ya/, ـكْ /k/, and ـه /h/ when suffixed to a noun ending in a vowel. However, the feminine ending ة /a/ changing to ـت /t/ in a possessive construction.

كُرْسي /kúrsi/ (chair)	خالة (aunt)
كُرْسِيَا (my chair)	خالْتي (my aunt)
كُرْسيك (your chair)	خالْتْها (her aunt)
كُرْسيه /kursi:/ (his chair)	خالْتو (her aunt)

Another common way to form a possessive construction is by adding the possessive suffix to the words دْيال or تاع, which follow a noun with a definite article.

الدّار دْيالي = الدّار تاعي (my house)	الدّار دْيالْنا = الدّار تاعْنا (our house)
الدّار دْيالك = الدّار تاعك (your house)	الدّار دْيالْكُم = الدّار تاعْكُم (your house) [pl.]
الدّار دْيالو = الدّار تاعو (his house)	الدّار دْيالْهُم = الدّار تاعْهُم (their house)
الدّار دْيالْها = الدّار تاعْها (her house)	

The words دْيال and تاع can also connect two nouns and can be thought of as meaning *of* but often translate as a compound noun or *'s* in English. دْيال can be shortened to د.

إذاعة دْيال/د/تاع الرّاديو (a radio station) [lit. station of radio]
الدّار دْيال/د/تاع الرّاجل (the man's house) [lit. the house of the man]

Two nouns may also be connected without using one of these words in what is known as an idaafa construction. The first noun cannot take the definite article.

شيفور طوبيس (a bus driver) [lit. driver bus]
شيفور الطّوبيس (the bus driver) [lit. driver the bus]
كاس ما (a glass of water) [lit. glass water]
كاس الما (the glass of water) [lit. glass the water]

Prepositions can take possessive suffixes, which act like object pronouns.

مْنْها (from her)	ليه (to him)
قُدّامْنا (in front of us)	مْعايا (with me)

Adjectives agree with the noun they modify in gender and number, and thus have three forms: masculine, feminine, and plural. Feminine adjectives are formed from masculine adjectives by adding ة. Plural adjectives regularly take ين; however, like nouns, many adjectives have irregular plural forms.

كْبير (big) [m.]	مزْيان (good) [m.]
كْبيرة (big) [f.]	مزْيانة (good) [f.]
كْبار (big) [pl.] (irregular plural)	مزْيانين (good) [pl.] (regular plural)

Adjectives agree with the gender and number of the nouns they modify. Notice that, unlike in MSA, adjectives only have one plural form in MCA.

باب كْبير (a big door)	راجل مزْيان (a good man)
بيبان كْبار (big doors)	رْجال مزْيانين (good men)
مْدينة كْبيرة (a big city)	مْرا مزْيانة (a good woman)
مُدُن كْبار (big cities)	نْسا مزْيانين (good women)

An adjective also agrees in definiteness by taking the definite article if its noun is definite.

الباب الكْبير (the big door) [lit. the door the big]
المْدينة الكْبيرة (the big city) [lit. the city the big]

In the above examples, the adjectives are used attributively, that is, as part of a noun phrase. In Arabic, adjectives follow the noun they modify. In English attributive adjectives precede nouns; however, predicate adjectives follow the verb *to be*. In Arabic, predicate adjectives do not agree in definiteness.

الباب كْبير. (The house is big.) [lit. the house... big]
المْدينة كْبيرة. (The city is big.) [lit. the city... big]

Equational Sentences

Equational sentences are sentences which would have the verb *to be (am, is, are)* in English. The last two examples in the previous section are equational sentences. Notice that there is no word for *is* in the Arabic sentences. The verb *to be* is not needed in present-tense equational sentences in Arabic. Of course, the predicate is not always an adjective; it can also be a noun, location, etc.

بابا مُعلِّم. (My father is a teacher.)
المرْا هُنا. (The woman is here.)

Negative equational sentences contain the word مْشي 'not.'

الباب مْشي كْبير. (The door is not big.) [lit. the door... not big]
المْدينة مْشي كْبيرة. (The city is not big.) [lit. the city... not big]

Interrogative sentences can be formed in a couple of ways: 1) by simply by using a rising intonation, or 2) by placing واش at the beginning of the question.

الباب كْبير؟ (Is the door big?)
واش الباب كْبير؟ (Is the door big?)

Pronouns may act as the subject of an equational sentence.

آنا (I [m.] *or* [f.])	حْنا (we)
نْتا (you [m.])	
نْتي (you [f.])	نْتوما (you [pl.])
هُوَّ (he; it [m.])	
هِيَّ (she; it [f.])	هوما (they)

آنا مشْغول. (I am busy. [m.])
آنا مْشي مشْغولة. (I am not busy. [f.])
هِيَّ مْشي صاحبْتي. (She's not my (girl)friend.)

A negative sentence can also be formed by sandwiching a predicate adjective or noun with ما...ش. The feminine adjective ending ة becomes ا before ش.

نْتا ما مزْيانْش. (You are not nice.)
الباب ما كْبيرْش. (The door is not big.)
المْدينة ما كْبيراش. (The city is not big.)
هِيَّ ما صاحبْتيش. (She's not my (girl)friend.)

Pronouns may, of course, be used in interrogative sentences, and may precede or follow the predicate. Notice, however, that the pronoun may be dropped when it is clear from the context, as in the last examples.

> هوما هُنا؟ (Are they here?)
> هُوَّ فْ الدَّار؟ = فْ الدَّار هُوَّ؟ (Is he at home?)
> هُوَّ مُعلِّم؟ = مُعلِّم هُوَّ؟ (Is he a teacher?)
> نْتَا جِيعان؟ = جِيعان؟ (Are you hungry?)

Verbs

Verbs are conjugated in MCA much as they are in other varieties of Arabic. They take prefixes and/or suffixes to show tense, person, number, gender, and negation. The most basic form of a verb, without any prefixes or suffixes, is known as the *base form*. In this book, each verb is listed in its base form.

The conjugation patterns below exemplify the prefixes and suffixes used in MCA. However, there are further vowel variations that occur in the conjugation of certain types of verbs. A full treatment of the rules of verb conjugation in MCA is beyond the scope of this brief introduction to grammar.

Past tense verbs are formed by adding suffixes to the base form. Let's use the base form of the verb كْتب (to write) to model present tense verb conjugation.

كْتبْت (I wrote)	كْتبْنا (we wrote)
كْتبْتي (you wrote [m.] or [f.])	كْتبْتوا (you wrote [pl.])
كْتب (he wrote [m.])	كْتبوا (they wrote)
كْتبات (she wrote [f.])	

Notice:

- Gender is only distinguished in the third-person singular ('he/she') forms.
- The masculine third-person singular form does not take a suffix; it is the base form from which other past tense verbs are conjugated.
- The position of the vowel in the verb changes in the feminine third-person singular and third-person plural forms.
- The use of personal pronouns before verbs would be redundant in Arabic, as this information is already included in a verb's conjugation.

The vowel ـِ is inserted before the suffix in the first- and second-person forms if the base form ends in a double consonant, and it replaces a final vowel.

حطّ (he put)	مْشى (he walked)
حطّينا (we put)	مْشيت (I walked)

The negative past tense is formed by placing the negative particle ـما before the verb and adding the suffix ش‎ -š.

ما كْتَبْتْش (I didn't write)	ما كْتَبْناش (we didn't write)
ما كْتَبْتِيش (you didn't write [m.] or [f.])	ما كْتَبْتوش (you didn't write [pl.])
ما كْتَبْش (he didn't write [m.])	ما كْتَبوش (they didn't write)
ما كْتْباتْش (she didn't write [f.])	

Imperative verbs (used to issue orders and commands) sometimes contain a different vowel from the base form. A handful of verbs have unique imperative forms or borrow forms from synonymous verbs, as in the last example below. First, let's look at masculine singular forms.

كْتَب (to write) → كْتْب (Write! [m.])	حَط (to put) → حُط (Put! [m.])
خْرَج (to exit) → خْرُج (Exit! [m.])	مْشا (to go) → سِير (Go! [m.])

Feminine singular imperatives take the suffix ـي.

كْتْبِي (Write! [f.])	خْرْجِي (Exit! [f.])

Plural imperatives (used when giving an order to more than one person) take the suffix ـوا.

كْتْبوا (Write! [pl.])	سِيروا (Go! [pl.])

Negative imperatives add the prefix ت and ما‎ ـش.

ما تْكْتْبْش (Don't write!)	ما تْمْشِيش (Don't go!)

Present tense verbs are based on the imperative forms. One of three prefixes is added, and for plural verbs the suffix ـوا. To that, the present tense particle ك is prefixed. Notice that, unlike in the past tense, there are separate forms for masculine and feminine singular second-person ('you') forms.

كْنكْتْب (I write)	كْنكْتْبوا (we write)
كْتكْتْب (you write [m.])	كْتكْتْبوا (you write [pl.])
كْتكْتْبِي (you write [f.])	
كْيكْتْب (he writes) [m.]	كْيكْتْبوا (they write)
كْتكْتْب (she writes) [f.]	

Notice:

- The second-person masculine singular ('you') and third-person feminine singular ('she') forms are identical but become clear in the context of a sentence.
- The position of the vowel in the verb changes in the second-person feminine singular ('you') and all plural forms.

The negative present tense is formed in the same way as the negative past tense, by the particle ما before the verb and the suffix ـش.

ما كَنْكْتْبْش (I don't write)	ما كَنْكْتْبوش (we don't write)
ما كَتْكْتْبْش (you don't write [m.])	ما كَتْكْتْبوش (you don't write [pl.])
ما كَتْكْتْبيش (you don't write [f.])	
ما كَيْكْتْبْش (he doesn't write [m.])	ما كَيْكْتْبوش (they don't write)
ما كَتْكْتْبْش (she doesn't write [f.])	

The future tense is expressed by replacing the present tense particle كـ with ـغ or غادي. The negative is formed by sandwiching either the verb or غادي with ما... ش.

غَنْمْشي (I will go)
ما غَنْمْشيش (I won't go)
الرّاجل غَيْكْتب (the man will write)
الرّاجل ما غَيْكْتبْش (the man won't write)
الرّاجل ما غاديش يكْتب (the man won't write)

1 Life and Death

life	حَياة
	عيشة
to live	عاش
I live in Morocco.	أنا ساكن في المغْرب.
	أنا عايَش في المغْرب.
alive	عايَّش
to give birth to	وْلِد
to be born	تولِد
	تْزاد
birth	وْلادة
baby, infant	بيْبي
	تْربيَّة
to be breastfed, suckle	رْضع
to breastfeed	رضَّع
toddler	درّي صْغيْر
	وُلْد صْغيْر
diaper	كوش
	ليكوش
well-behaved	ضْريَّف
naughty, mischievous	خطيْر
	قْبيح

childish, immature	صْغِيرْ في عقْلو
mature(-acting)	بْعقْلو
boy, child	درِّي (دْراري) وُلْد (وْلاد)
girl	درِّية، بْنية
adolescent, teenager	مُراهِق
to grow up	كْبِر
person	بْنادم
man	راجل (رْجال)
woman	مْرا (مْراوات، عْيالات)
adults, grown-ups	ناس كْبار
young people, youth	شباب
young	صْغِيرْ (صْغار)
young man	شابّ (شْباب)
young woman	شابّة
in one's fifties, middle-aged	*There is no common equivalent in Arabic for 'middle-aged.' Instead, a more precise description, such as 'in one's forties/fifties/sixties' is used.* في الخمْسِينات
old	كْبير (كْبار) في العْمُر
old man	راجل كْبير
old woman	مْرا كْبيرة
to age, grow old	كْبِر
Everyone gets old.	كولْشي كَيْكْبر.

childhood	صْغُر
in one's childhood	في صُغْرو
adolescence	مُراهقة
youth	شْباب
in one's youth	في شْبابو
old age	الكْبُر

birthday	عيد ميلاد
Happy Birthday!	عيد ميلاد سعيد!
Happy birthday and may you have many more!	عيد ميلاد سعيد! عُقْبال مْيةْ عامر ان شاء الله!
When is your birthday?	اِمْتى عيد ميلادك؟
My birthday is in May.	عيد ميلادي فْماي.

age, life span	العَمُر
all one's life	طول عُمْرو
year	عام
How old are you?	شْحال فْعُمْرك؟
I'm 20 years old.	عنْدي عِشْرين عامر.
to turn __ years old	دار __ عامر
He's turning ten years old next week. ❶ *semaine*	سِّمانة الجّايّة غيْدير عشْرة سْنين.
I turned thirty last month.	دِرْت ثْلاثين عامر الشّهر لّي فات.

a ten-year-old boy/child		وُلْد فْعُمْرو عَشْرة سْنين
a fifty-year-old woman		مْرا فْعُمْرُها خَمْسين عام
When were you born?		اِمْتى تْزاديتي؟
What year were you born?		إينَ عام تْزاديتي؟
I was born in 1980.		تْزاديت فْألْف وْ تسْعمْية وْ تمْانين.
death, passing		موت
to die		مات
dead		ميِّت (موتى، أمْوات)
to pass away	twaffa (no kasra sound at beginning)	تْوَفَّى
deceased		مِتْوَفِّي
corpse, body		جُثَّة (جُثث)
funeral	Notice that ق is pronounced ݣ in this word.	جْنازة
to bury		دْفِن
to be buried		تدْفِن
burial		دْفينة
coffin		تابوت
cemetery		مقْبرة (مْقابر)
grave		قْبر
gravestone, headstone		شاهد
to mourn		حْزِن

mourning	حُزْن
period of mourning	حِداد
to cremate	حْرق الجُثَّة
cremation	حْرْق الجُثَّة

2 Family

family	🇫 *famille*	فاميلا (فاميلات) عائِلة (عائِلات)
(extended) family		العائِلة الكْبيرة العائِلة البْعيدة
relative		كيجيني (من العائِلة)
I have some relatives that live in New York.		عَنْدي العائِلة فْنيويورك
related to		كَيْجي لـ
Are you two related?		كتْجيوْ لْبعْضيّاتْكُم؟
I'm not related to him.		لا، ماكيجيني والو.
father		والِد أب
mother		والِدة أُمّ
my mother and father		الوالِدة و الوالِد
dad		بابا
mom		ماما
my mom and dad		ماما و بابا
Hi, Dad!		سّلام بابا!
Where are you, Mom?		فينِك أ ماما؟
parents		الواليدين

son, (male) child	وُلْد (وْلاد)
daughter, (female) child	بنْت (بْنات)
Do you have any children?	عنْدك وْلاد؟
How many children do you have?	شْحال من وُلْد عنْدك؟
They had triplets.	تْزادو عنْدْهُم ثْلاثة تْوام.
siblings	خوت
brother	خو (خوت)
My brother and my friend's brother came with me.	جا مْعايا خويا و خو صاحْبي.
sister	أُخْت (خْواتات)
older brother	الاخ الكْبير
younger sister	الأُخْت الصْغيرة
Do you have any brothers or sisters?	عنْدك شي خوت؟
I have two older sisters and one younger brother.	عنْدي جوج خْواتات كْبار و خويا صْغير.
I'm the youngest in my family.	آنا الصْغير فْ الدّار.
I'm the middle child/son.	آنا الوُسْطاني.
I'm an only child.	ماعنْديش خوت.
twins	تْوام
Are you two twins?	واش انْتوما تْوام؟
I have a twin brother.	عنْدي خويا تْوأم.
half-brother	خويا من بّا خويا من مّي

half-sister	خْتي من بّا خْتي من مّي
He's my half-brother.	هُوَ خويا من بّا.
husband	راجل (رْجال)
This is my husband.	هاذا راجْلي.
wife	مْرا (مْراوات)
__'s wife	مرْت __
His wife came with him.	جات مْعاه مرْتو.
stepfather	راجل الأُمّ
stepmother	مرْت الرّاجل
stepbrother	وُلْد راجل الأُمّ وُلْد مرْت الرّاجل
stepsister	بنْت راجل الأُمّ بنْت مرْت الرّاجل
stepson	وُلْد الرّاجل وُلْد المْرا
stepdaughter	بنْت الرّاجل بنْت المْرا
grandfather	جدّ (جْدود)
grandmother	جدّة
my grandparents	جدّي و جدّاتي
grandpa	جدّي

grandma		جدّاتي
great-grandfather		بّات الجدّ
grandson		حْفيد (أحْفاد)
granddaughter		حْفيدة
grandchildren		أحْفاد
uncle	father's brother	عمّ (عْمام)
aunt	father's brother's wife	مْرات العمّ
aunt	father's sister	عمّة
uncle	father's sister's husband	راجِل العمّة
uncle	mother's brother	خال (خْوال)
aunt	mother's brother's wife	مرْت الخال
aunt	mother's sister	خالة
uncle	mother's sister's husband	راجِل الخالة
cousin	father's brother's son	وُلْد العمّ (وْلاد العمّ)
cousin	father's brother's daughter	بنْت العمّ (بْنات العمّ)
cousin	father's sister's son	وُلْد العمّة (وْلاد العمّة)
cousin	father's sister's daughter	بنْت العمّة (بْنات العمّة)
cousin	mother's brother's son	وُلْد الخال (وْلاد الخال)
cousin	mother's brother's daughter	بنْت الخال (بْنات الخال)
cousin	mother's sister's son	وُلْد الخالة (وْلاد الخالة)
cousin	mother's sister's daughter	بنْت الخالة (بْنات الخالة)

We're cousins.	حْنا وْلاد العمّ. حْنا بْنات العمّ. حْنا وْلاد الخال. حْنا بْنات الخال.

orphan	يْتيم (يْتامى)
orphanage	دار لْيْتامى
to adopt	اتْبنّى
adoption	تبْنّي
to be adopted	متْبنّي
I was adopted.	آنا متْبنّي.
an adopted son	وُلْد متبنّي
adoptive parents	الواليدين بالتّبنّي
birth parents	الواليدين الأصْليّين
ancestors, forefathers	جْدود
descendants	أحْفاد

3 Love, Marriage, and Sex

to love, be in love		حبّ
		بْغا
love		الحُبّ
I love you!		كنْبْغيك!
darling		حْبيب
		حْبيبة
romance		رومانْسية
to love passionately		عْشق
passion		عِشْق
lover		مغْروم
date		مَوْعِد
	❶ rendez-vous	رونْديڤو
to go on a date with __		خْرج مْع ــ
dating, in a relationship		مْصاحب
a couple; going out, dating		كوبل
boyfriend		صاحِب (صْحاب)
girlfriend		صاحْبة
to break up	lit. they broke up	كاصّاوْ
to break someone's heart	lit. to torture	عذّب
engagement		خُطْبة
to get engaged		خْطب

11 | Moroccan Colloquial Arabic Vocabulary

to ask her father for her hand in marriage	خْطْبها من بّاها
fiancé	خْطيب (خُطّاب)
fiancée	خْطيبة
Her fiancé works abroad.	خْطيبْها كيْخدم برّا.
married to	مْزوّج بـ
Are you married?	نْتا مْزوّج؟
single, unmarried ❶ célibataire	سيْليباطيْر
to get married, marry, wed	تْزوّج
marriage	زْواج
arranged marriage	عرْس تقْليدي
They got married last year.	تْزوْجو العام لّي فات.
He married her last year.	تْزوّج بيها العام لّي فات.
wedding	عرْس
groom	عْريس (عرْسان)
bride	عْروسة
honeymoon	شهْر العسل
newlyweds	يالّه تْزوْجوا
(wedding) anniversary	عيد زْواج
They celebrated their tenth anniversary.	حْتافْلوا بْعيد الزّواج دْيالهُم العاشر.
divorce	طْلاق
to get divorced	طلّق

divorcee	مْطلّق
to remarry	عاوِد تْزوّج
My father remarried last year.	بابا عاوِد تْزوّج العام لِّي فات.
to be widowed	وَلّا أرْمل
	أرْمل
widower	مرْتو ماتِت
	أرْملة
widow	راجلْها مات
to have an affair with	خان مْع
He was cheating on his wife with his secretary.	كان كَيْخون مرْتو مْع السُّكْريتِرة
kiss	بوسة
to kiss	باس
Kiss me!	بوسْني
sex	سكْس
	جِنْس
to sleep with, have sex with	نْعس مْع
to sleep together	نعْسوا مْع بعْضِيّاتهُم
to fuck *vulgar*	خْوا

4 Names and Addressing People

name; first name	سْمية
What's your name?	شْنو سْميتك؟
My name is __.	سْميتي __.
last name	كْنية
full name	إسم كامِل
to name	سمّى
to be called, named	تْسمّى
to call, address	عيّط
How should I address you?	شْنو نْعيّط ليك؟
Just call me __.	عيّط ليَّ __.
alias, pseudonym	لقب
Sir! ❶ *monsieur!*	سيدي! مُسْيوه!
Ma'am! ❶ *madame!*	مادام!
Miss! ❶ *mademoiselle!*	مادْموازال!
Mr. __	السّي __
Mrs. __	مادام __
Miss __	مادْموازال __
Dr. *medical or Ph.D.*	دُكْتور __
Yes? *response to someone calling your name*	نْعم؟

5 The Human Body & Describing People

body	جِسْم (أجْسام)
head	راس (رْيوس)
brain, mind	مُخ (مْخاخ)
	دْماغ
skull	جُمْجُمة (جماجِم)
face	وُجه (وْجوه)
He has a round face.	وُجْهو مْدوّر.
She has an oblong face.	وُجْهها طْويل.
I have a square face.	وُجْهي مْربّع.
You have an oval face. ❶ ovale	وُجْهك بيْضاوي.
	وُجْهك أوڤال.
to wash one's face	غْسل وُجْهُ
forehead, brow	جبْهة
He has a big forehead.	عنْدو جبْهة كْبيرة.
brow	جبْهة
to frown, knit one's brow, scowl	مغوبش
cheek	حنْك (حْناك)
chin	ݣادومة
jaw ❶ mâchoire	ماشْوار
eye	عين (عيْنين)

Moroccan Colloquial Arabic Vocabulary

My eyes itch.	عيْني كتّاكُلْني. عيْني كتْحُكّني.
blue eyes	عيْنين زرْقين
green eyes	عيْنين خضْرين
brown eyes	عيْنين قهْويّين
She has beautiful brown eyes.	عيْنيها قهْويّين زْوينين
What color are your eyes?	شْنو لون عيْنيك؟
His eyes are green.	عيْنيه خضْرين
eyebrow	حاجِب (حجْبان)
eyelids	جْفون
eyelash	شفْرة (شْفار)
She has long eyelashes.	شْفارْها طْوال.
He has bushy eyebrows.	حجْبانو عامْرين.
sclera, the white of one's eyes	البْيض دْيال العيْن
iris	قزْحية
pupil	مومّو دْيال العيْن
to blink	رمّش
to wink	غْمز
to close one's eyes	غمّض عيْنيه
to open one's eyes	حلّ عيْنيه
to have dark circles under one's eyes ❶ *les cernes*	عنْدو لا ساغْن
cross-eyed	حْوُل (حوْلين)
blind	عْمى (عمْيين)

to see	شاف
I can't see the clock from here.	ماكن قْدرْش نْشوف المكّانة من هْنا.
eyesight, vision	الشّوف
I have perfect eyesight.	عنْدي الشّوف مزْيان.
to wear glasses	دار النْضاضر
I think you need glasses.	واقيلا خصّك النْضاضر.
to cry	بْكى
a tear	دمْعة
Why are your eyes red? Have you been crying?	عْلاش عيْنيك حمْريْن؟ واش كُنْتِ كتْ بْكي؟

nose	نيف
nostrils	مْناخر
big/pronounced nose	نيف كْبير
petite nose	نيف صْغيْر
straight/sharp/pointy nose	نيف مْقمْقم
hook/crooked nose	نيف معْقوف
to sneeze	عْطس
snot	خْنونة
to have a runny nose	نيفو سايِل
to blow one's nose	نصط نيفو
to pick one's nose	خوّر نيفو
to smell	شمّ

sense of smell	حاسّة الشّمّ
I don't have a very good sense of smell.	مكنْشمّْش مزْيان.
I think I smell smoke.	واقيلا كنْشم ريحْة الدُّخّان.
ear	وْذن (وُذْنين)
to hear	سْمع
Do you hear that noise?	كتْسمع هاذ الصُّداع؟
to cup one's ear *lit. put one's hand up to one's ear to hear better*	مدّ وذْنو باش يِسْمع مزْيان
There's a ringing in my ear.	وُذْني كتصفّر.
to be hard of hearing	مكِسْمعْش مزْيان
deaf	صْمك
to wear a hearing aid	دار السّمّاعة
to have pierced ears	وُذْنيه متْقوّبين
earwax	وْسخ الوُذْنين
mouth	فُمّ (فْام)
to smile	تْبسّم
to open one's mouth	حلّ فُمّو
to close one's mouth	سدّ فُمّو
tongue	لْسان
to taste	ذاق
Can you taste the mint in this dessert? ❶ *dessert*	حسّيتي بمْذاق النّعْناع فْ الدّيسيرْ؟

lip	قْنوفة (قْنانف)
upper lip	القْنّوفة الفوقانية
lower lip	القْنّوفة التحْتانية
thin lips	قْنانف صْغار
full lips	قْنانف كْبار
chapped (dry) lips	قْنانف ناشْفين
tooth	سْنّة (سْنان)
gums	لثّة
to brush one's teeth	حكّ سْنانو
to floss one's teeth	حكّ سْنانو بالخيْط
front teeth	سْنان قُدّاميّين
to bite	عضّ
molar	ضرْسة (ضْراس)
to chew	مْضغ
to spit	دْفل
spit, spittle, saliva	دْفال
to yawn	تْثاوُب
to cough	كْحُب
to burp, belch	تْكرّع
to have bad breath	ريحْة فُمّو خايْبة
tonsils	خْلاقم
neck	كُفا

throat	قرْجوطة
larynx	حنْجْرة (خْناجر)
to breathe	تْنفّس
breath	نفْس
to take a deep breath	تْنفّس مزْيان
to swallow	ضْرط
to choke on	وْحل ليه
He started choking on a piece of food.	وحْلات ليه الماكْلة

hair		شعْر
dark brown hair	🇫 marron	شعْر مارونْ غامق
light brown hair	🇫 marron	شعْر مارونْ فاتح
blond hair		شعْر صْفر
She's blond.		شعْرها صْفر.
black hair		شعْر كْحل
red hair		شعْر خمر
gray hair	🇫 gris	شعْر كْري
white hair		شعْر بْيض
to dye one's hair		صْبغ شعْرو
She dyes her hair blond.		كتْصْبغ شعْرها بالصْفر.
She's a natural blond.		شعْرها طبيعي صْفر.
long hair		شعْر طْويل
short hair		شعْر قْصير

shoulder-length hair		شْعر حدّ الكْتاف
straight hair		شْعر رْطب
curly hair	🇫 *bouclé*	شْعر بوكْلي
She has long beautiful straight brown hair.		شْعرْها زْوين و طْويل و رْطب و مارون.
to comb/brush one's hair		مْشط شعْرو
to get a haircut		حسّن شعْرو
bald		صْلع
to go bald		وْلاّ صْلع
to shave one's head bald		قرّع
sideburns	🇫 *les pattes*	لا پّاط
ponytail	🇫 *queue-de-cheval*	كود شُوفال
braids		ضْفيرات
She wears her hair in braids.		دارت شعْرْها ضْفيرات.
bun	🇫 *chignon*	شينْيوْن
She usually wears her hair in a bun.		ديما كدّير شعْرْها شينْيون.
bangs		كُصّة
You look good with bangs!		جات مْعاك الكُصّة!
wig, toupee	🇫 *perruque*	پيرْوك
You can tell he wears a toupee.		بايْن لابس پيرْوك.
beard		لحْية
mustache	🇫 *moustache*	شْلاغم / موسْطاش

He has a beard and mustache.	عَنْدو لحْيَة و موسْطاش.
goatee	كُادومة
to shave	حسّن
to trim one's beard	نُقص من اللّحْيَة
I shave every morning.	كنْحسّن كُلّ صْباح.
clean-shaven	مْحسّن اللّحْية
stubble	لحْيَة خْفيفة
skin	جلْد
pimple, blemish	حْبوبة
I have a huge pimple on my chin!	عنْدي حْبوبة كْبيرة فْ الكُادومة!
acne	حبّ الشْباب
As a teenager, he had a lot of acne.	مْنْ كان صْغيرْ، كان فيه بزّاف دْيال الحْبوب.
to have bad skin	وُجْهو مْحبّب
to have a good complexion	بشْرْتو صافْية
fair-skinned	بْيَض
dark-skinned	سْمر
to have an olive complexion	بشْرْتو قمْحية
to have dry skin	بشْرْتو جافّة
to put on lotion ❶ crème	دار كْريم
to put on sunscreen ❶ écran	دار آكْرون

freckles	نْمش
She has a lot of freckles.	فيها بزّاف دْيال النّمش.
mole, birthmark	توْحيمة
wrinkles	تجاعيد
You get wrinkles as you get older.	كُلّ ما كْبرْتي كُلّ ما تْزادو فيك التّجاعيد.
scar **❶** *cicatrice*	سيكاتْريس
tattoo	وُشْمة
He has a tattoo on his left arm.	عنْدو وُشْمة فْيدّو ليسْريّا.
Do you have any tattoos?	واش دايْر شي وُشْمة؟

arm	دْراع
elbow **❶** *coude*	كود
armpit	طابطك (طْوابطك)
to sweat	عْرق
	عْرك
sweaty	عرْقان
	عرْكان
He was very sweaty after playing soccer.	عْرك بزّاف من بعْد ملْعب كورة.

hand, wrist	ليدّ (ليدّين)
What's in your hand?	شْعنْدك فيدّيك؟
They're all wearing watches on their wrists.	كامْلين ديْرين مكّانات فيدّيهُم.
finger	صْبع (صبْعان)

fingerprint		بْصْمة
thumb		الصْبع الكْبير
index finger		الصْبع الثّاني السّبّابة
middle finger		الصْبع الوُسْطاني
ring finger		الصْبع الرّابع
little finger, pinky		الصْبع الصْغيْر
fingertip		طرْف الصْبع
fingernail		ظْفر (ظفْران)
palm		كفّ (كْفوف)
knuckles		مْفاصل الصْباع
wrist	❶ poignet	بْوانيْه
to make a fist		جْمع يِدّو
to extend one's fingers		حلّ صْباعو
to hold, grip		شدّ
to point to		نيِّش بْصبْعو
He pointed at the clock.		نيِّش بْصبْعو عْلى المكانة.
leg, foot		رْجل (رْجلين)
thigh		فْخذ (فْخاذ)
shin		كُصْبة
calf	❶ le mollet	لا موْليْه
knee		رُكْبة (رْكابي)
ankle	❶ cheville	شوفية

	كَعْبة
sole	قاع الرِّجل
heel	گُدم
toe	صْبع الرِّجل (صْباع الرِّجلين)
shoulder	كْتف (كْتاف)
to have broad shoulders	كْتافو عْراض
chest, bosom	سْدر *The correct spelling in MSA is صدْر but in MCA, it is pronounced with س.*
to be flat chested	ما عنْدْهاش سْدر
boob	بزّولة (بْزازل)
nipple	راس البزّولة
abdomen, belly, stomach	كرْش (كروشة)
back	ظْهر (ظْهورة)
waist	الوَسْط
hips ❻ *les hanches*	لا هونْش
navel, belly button	بوْط
internal organs	أحْشاء
stomach	معْدة
intestines, bowels	مْصارن
lung	رية
heart	قلْب (قْلوب)

to beat, palpitate	دقّ
heartbeat, pulse	دقّة القلْب
liver	كبْدة
kidney	كلْوَة (كْلاوي)
bladder	مْثانة
gallbladder	مرّارة
gland	غُدّة
thyroid gland	غُدّة درقية
bone	عْضم (عْضام)
skeleton ❶ *squelette*	هيْكل عضْمي / سْكولات
spine	سلْسول
rib	ضلْعة (ضْلوع)
muscle ❶ *muscle*	موسْكل / عضلة
vein	عرْق (عْروق)
artery	شرْيان (شرايين)
blood	دمّ
nerves	أعْصاب
sexual organs, private parts	أعْضاء تناسُلية

Needless to say, caution should be exercised when talking about 'private parts.' There are numerous synonyms (and euphemisms) for these, but each is appropriate only in certain social contexts. There are medical terms which can be used when necessary to mention 'private parts,' such as when speaking to a doctor. There are also euphemisms used with small children. And of course, there are vulgar terms which should only be used among close friends who are not offended by such vulgarities. As a non-native speaker, you are advised to avoid using vulgar terms altogether, as they will tend to get you into trouble; nonetheless, they have been included here for recognition purposes. However, due to their sensitive nature, they (and related words) do not appear on the audio tracks.

penis		تاع الرّاجل قْضيب
pee-pee	penis	بيبي
dick, cock	vulgar	زبّ (زْبوبة)
to get an erection	vulgar	قيّم
erection, erect; erection, boner, hard-on	vulgar	مْقيّم
testicles, balls, nuts	vulgar	قْلاوي
scrotum	ⓕ scrotum	سْكْغوتوم
vagina, 'girl parts'		تاع المْرا
pussy	vulgar	طبّون (طْبابن)
naked, bare		عرْيان (عرْيانين)
buttocks, bottom, posterior		ترْمة
ass, butt	vulgar	زكّ (زْكاك)
anus, asshole	vulgar	ثقْبة الترّمة
to urinate, piss, take a piss		بال
There was a man peeing on the side of the road.		كان واحد الرّاجل كيْبُول فْجنْب الطْريق.
urine		بول
pee		بيبّي

to pee		دار بيبّي
excrement, feces, poop		كاكّا
to defecate, poop		دار كاكّا
Careful! Don't step in the dog poo!		عنداك! ما تعْفطْش عْلى كاكّا دْيال الكلْب.
to shit	vulgar	خْرى
shit	vulgar	خْرا
to go to the bathroom	ⓘ toilettes	مْشا لْتْوالِيتّ
I need to go to the bathroom.		خصْني نمْشي لْتْوالِيتّ.
to fart, pass gas, break wind	vulgar	حْزق
fart	vulgar	حزْقة

height		طوْل
tall		طْويل
average height		طوْلو عادي
short		قْصيرْ (قْصار)
How tall are you?		شْحال فيك فْ الطّول؟
I'm 1.75 meters tall.		فيّا ميترْو و خمْسة و سبْعين.

weight	ⓘ poids	وَزْن بْوا
How much do you weigh?	lit. how many kilos do you have in you?	شْحال فيك من كيلو؟
one's build, body shape	ⓘ forme	الفوْرْمة

fat, overweight	غْلِيْض
to get fat	غْلاض
Don't overeat so you don't get fat.	ما تاكُلْش بزّاف باش ما تْغْلاضْش.
chubby	مْبطْبط
plump, stout	مْفوْزمي
average weight	وَزْن عادي
thin	ضْعيف (ضْعاف)
skinny	رْقيق (رْقاق)

one's looks		مظْهر دْيالو
handsome; beautiful		زْوين
good-looking	🇫 *beau gosse*	بوڭوص
cute	🇫 *mignon*	كتْكوت مينْيوْن
My God, those girls are so cute!		الله، هادوك البْنات شْحال كْتاكت/زْوينات!
ugly		خيْب
average-looking		زينو مقْبول

6 Clothing, Jewelry, and Accessories

clothing		خْويج
		خْوايْج
men's clothing		خْويج دْيال الرُّجال
women's clothing		خْويج دْيال العْيالات
underwear	ⓕ caleçon	كالْسونْ
long johns		سرْوال تحْتاني
		سرْوال الوالِدين
undershirt	ⓕ t-shirt	تيشُرْت
panties	ⓕ slip	سْليپ
	ⓕ culotte	كيلوت
panty hose, tights	ⓕ collants	كولْونْ
bra	ⓕ soutien	سوتْيامات
shirt; sweater, sweatshirt	ⓕ tricot	تْريكو
collar	ⓕ collier	كولْيي
sleeve		كُمّ (كْمام)
a long-sleeved shirt		تْريكو بكُمّ طْويل
short-sleeved		تْريكو نُصّ كُمّ
t-shirt		تيشُرْت
polo shirt		تيشُرْت پولو
blouse		بْلوزة

(pair of) pants		سْروال (سْراول)
pant leg		رْجل السّرْوال
jeans		سرْوال دْجين
shorts	ⓕ *short*	شورْط
belt		صمْطة (صْماطي)
(belt) buckle		بْزيم
suit	ⓕ *costume*	كُسْتوم
suit jacket		جاكيْط (دْيال كوسْتيم)
uniform	ⓕ *uniforme*	أونيفوْرْم
necktie	ⓕ *cravate*	كُرافاطة
to tie one's necktie		رْبط كُرافاطة
watch		ماگانة
wallet		بزْطام
bag; handbag, purse; briefcase	ⓕ *sac*	صاك (صيكان)
courier bag		شُكّارة
dress	ⓕ *robe*	روْب
skirt	ⓕ *jupe*	جوپ
hijab		حِجاب
headscarf		فولار
niqab		نِقاب

(women's) scarf	🇫 *écharpe* 🇫 *cache-col*	إشارْپ كاشْكول
hair ribbon		بانْدا (دْيال الشّعر)
barrette, hair clip		فيليل
hat		طرْبوش (طُرابش)
(baseball) cap	🇫 *casquette*	كاسْكيطَ
skull cap, (knit) beanie		طاڭْية
turban		عْمامة
jacket	🇫 *jaquette*	جاكيطة
coat		كبّوط
sweater		تْريكو
zip-up sweater		تْريكو بالسّنْسْلة
sweatshirt		تْريكو
scarf	🇫 *cache-col*	كاشْكول
glove		ليڭة
bathrobe	🇫 *peignoir*	بينْوار
pajamas; nightgown	🇫 *pyjama*	پيجاما
swimsuit, bathing suit	🇫 *maillot*	مايّو (مايّووات)
bikini		بيكيني (بيكينيّات)

pocket		جيب (جْيوب)
to put __ in one's pocket		دار __ فْجيبو
to take __ out of one's pocket		جْبد __ من جيبو
button		صدْفة (صْداف)
to button up		سدّ الصْداف
to unbutton		حلّ الصْداف
zipper		سنْسْلة
to zip up		سدّ السّنْسْلة
to unzip		حلّ السّنْسْلة
(pair of) shoes		صبّاط (صْبابط)
shoe		فرْدة صبّاط
(pair of) boots	🇫 *bottes*	بوْط
(pair of) sandals		صنْدالة (صْنادل)
(pair of) high heels		طالوْن
(pair of) slippers	🇫 *pantoufle*	پانْطوْفة
shoelaces		سْيور
to tie one's shoes		حْزم صبّاطو
to untie one's shoes		حلّ صبّاطو
Your shoelaces have come undone.		سْيورك مخْلولين.
shoe polish	🇫 *cirage*	سيراج
to polish one's shoes		سيّر صبّاطو
shoe size	🇫 *la taille*	لاطاي ذْيال الصّبّاط

What size shoes do you wear?	شْحال كتْلْبس فرْجْليك؟
I wear size 40.	كنْلْبس ربْعين.
I'm not sure about my size.	ما متْأكّدْش من لاطاي.
(pair of) socks	تقْشيرة (تْقاشر)

to wear, to get dressed, to put on	Like the English verbs 'put on' and 'wear', لْبس can take a variety of complements: shirt, pants, hat, belt, shoes, glasses, jewelry, etc. But it is not used with perfume, lotion, etc.	لْبس

What are you going to wear today?	شْنو غتْلْبس لْيوما؟
He took a shower, got dressed, and left for work.	دُوّش، لْبس، و مْشا الخدْمة.
to get undressed	حيّد حْوايْجو
to take off	حيّد
I took off my jacket.	حيّدْت جاكيتّي.
to change one's clothes	بدّل حْوايْجو

(clothing) size	ⓕ *la taille*	لا طاي
small (S)	ⓔ *small*	سْمول
medium (M)	ⓔ *medium*	ميدْيوم
large (L)	ⓔ *large*	لارج
extra-large (XL)	ⓔ *x-large*	إكْس لارج
loose		واسع
tight		مْزيّر مْضيّق

just right	*not too loose or tight*	قَدْقَد
Does the shirt fit you?		واش جا قدّك التْريكو؟
It fits just right.		جا قدْقد.
It doesn't fit.		ما جاش.
It's a little big.		جا كْبير شْوِية.
It's too tight.		مْزيّر بزّاف.
I think I need the next size up.		بان ليّا خصْني طاي كْبر.
to do the laundry		صبّن الحْوايْج
to hang out the laundry		نْشر الحْوايْج
to dry the laundry		نشّف الحْوايْج
washing machine		مكينة الصّابون
(clothes) dryer		نشّافة
clothesline		حْبل الصّابون
laundry basket		سلّة
to iron		صْلح
iron		صْليح
ironing board		طابْلة ديال صْليح
wrinkled		مْكمّش
This shirt is wrinkled. I need to iron it.		تْريكو مْكمّش، خصْني نصلْحو.
cloth, fabric		الثّوب
cotton		قْطُن

wool		صوْف
silk		حْرير
nylon	ⓕ *nylon*	نيلوْن
linen		كتّان
Is this t-shirt cotton?		واش هاذ التّيشورْت قْطُن؟
This blouse is silk.		هاذ البْلوزة دْيال الحْرير.
leather		جلْد

glasses		نْضاضر
contact lens	ⓕ *lentilles*	لونْتي
Do you wear glasses?		واش كدّير النْضاضر؟
Oh, you're wearing glasses today!		أوه، دايْر النْضاضر اليوم!
I usually wear contacts.		أغْلبية كنْدير لا لونْتي.
sunglasses		نْضاضر شّمْش نْضاضر كحْلين
reading glasses		نْضاضر دْيال القْرايَة
I can't find my glasses.		ملْقيتْش نْضاضْري.

jewelry		مُجوْهرات
ring		خاتم (خْواتم)
wedding ring		خاتم دْيال الزُّواج
engagement ring		خاتم دْيال الخُطوبة
bracelet	ⓕ *bracelet*	بْراصْلي
earring		طانْكَة (طْوانك)

I lost my earring.	وضّرْت طْوانْكِي.
a pair of earrings	طْوانك
necklace	سنْسْلة
brooch ❶ *broche*	برْوش
diamonds ❶ *diamant*	دْيامونْد
ruby	ياقوت
topaz	ياقوت صْفر
emeralds	زُمُرُّد
gold	ذْهب
silver	فضّة
a diamond ring, gold bracelet, and silver necklace	خاتم دْيامونْد، بْراسْلي دْيال الذْهب، و سنْسْلة دْيال الفضّة

7 The House

house	دار (دْيور)
apartment	بارْطْما
two-story apartment	دوپْليكْس
penthouse apartment 🅕 *appartement luxe*	أپاغْطومون لوكْس
story, floor 🅕 *étage*	طاج
two-story house for sale	دار فيها الدّوزيام باغا تّْباع
The apartment is on the fourth floor.	بارْطْما فْ الطّاج الرّابع

to rent an apartment	كْرا بارْطْما
rent	كْرا
How much is your rent?	بْشْحال كاري؟
tenant, renter	الكاري
landlord	مول الدّار
landlady	مولات الدّار
to rent an apartment to	كرا بارْطْما لْ

roof	سْطح (سْطوحا)
fence	گْرِيّاج
gate	باب (بيبان)
gardener 🅕 *jardinier*	جارْدينْي

The gardener comes once a week.	الجارْدينْيي كيْجي مرّة فْ السِّمانة.
housekeeper, maid	خدّامة
doorman, guard	عسّاس
room	بيت (بْيوت)
furniture	أثاث
furnished	مْفرّش
chair	كُرْسي (كْراسا)
table	طابْلة
door	باب (بيبان)
front door	الباب القُدّامي
key	ساروت (سْوارت)
floor	لرْض
ceiling	سْقف (سْقوفة)
carpet	زرْبية (زْرابي)
tiles	زلّيج
hardwood floor	لرْض بْالعود
window	شرْجم (شْراجم)
curtain, blinds	خمية
shutters	ريدو (ريدُوّات)
shelf	طاجيرات

wall	حيْط (حْيوط)
wall clock	ماكانة دْيال الحيْط
painting, picture	تصْويرة (تْصاور)
to hang a picture on the wall	علّق تصْويرة فْ الحيْط
I love that painting hanging over the sofa. 🇫 *fauteuil*	عجْباتْني ديك التصْويرة ليّ فوق الفُتْوي.
poster	بوسْطيرة
to do housework	دار شْغُل الدّار
to clean, tidy up	خمّل
	غْسل
to wash the windows	غْسل الشْراجم
broom	شطّابة
to sweep	شطّب
mop	كرّاطة
to mop	كرّط
vacuum cleaner 🇫 *aspirateur*	أسْپيراتور
to vacuum the carpet	دار لاسْپيراتور لْ الزّرْبية
to dust	نْفض الغبْرة
dust	غبْرة
dusty	مْغبّر
to beat the dust out of a carpet	نْفض الغبْرة من الزّرْبية
light	ضوْ (ضْواو)

lamp	❶ veilleuse	فِيُّوزة
to turn on the light		شعّل الضّوْ
to turn off the light		طْفى الضّوْ
Could you turn off the light in the kitchen, please?		عفاك، تقْدر طْفي مْعاك الضّوْ فْ الكوزينة؟
light switch		ساروت دْيال الضّوْ
electrical outlet, socket; plug	❶ prise	پْريز
to plug in		برْنْشا الپْريز
to unplug		حيّد الپْريز
extension cord, adapter		أداپْتور
fuse	❶ fusible	فيزيبْل
A fuse has blown.		فيزيبْل تْفركّع.
the power went out		تقْطع الضّوْ
The power went out for an hour this afternoon.		تقْطع الضّوْ ساعة كامْلة هاذ العْشية.
candle		شمْعة
heater	❶ chauffage	شوفاج
air-conditioner	❶ climatiseur	كْليماتيزور
living room		صالوْن
sofa, couch	❶ canapé	كاناپّي
armchair; sofa, couch	❶ fauteuil	فوتوي
television		تلْفزة
to watch TV		تْفرّج فْ التّلْفزة

The only thing I want to do this evening is sit on the couch and watch TV.		الحاجة الوحيدة لِّي باغي نْدير هاذ العْشية هِيَّ نْتْكّى فْ الفوتوي و نتْفرّج فْ التّلْفازة.

dining room	🇫 salle à manger	صال أمونْجي
dining table		طابْلة دْيال الماكْلة
to set the table		وجّد الطّابْلة
to clear the table		جْمع الطّابْلة
to sit at the table		كُلس فْ الطّابْلة
Dinner's ready! Come to the table!		العْشا واجد! أجيو لْ الطّابْلة!
(flower) vase	🇫 vase	فاز
plate, dish		طبْسيل (طْباسل)
spoon		مْعلْقة (مْعالق)
fork	🇫 fourchette	فُرْشيطة (فُراشط)
knife		موس (مّاس)
bowl		جبّانية
napkin		سرْبيتة
kitchen		كوزينة
cupboard, cabinet	🇫 placard	بْلاكار
counter	🇫 potager	بُتاجي
refrigerator		تلّاجة
freezer	🇫 frigo, congélateur	فْريكُو كونْجيلاتور

stove	🅕 *fourneau*	فورْنو
oven		فرّان
microwave (oven)	🅕 *micro-onde*	ميكْروأونْد
Just put it in the microwave for two minutes.		غير ديرْها جوج دْقايْق فْ الميكْروأونْد.
to heat up		سخّن
to microwave, heat up in the microwave		سخّن فْ الميكْروأونْد
I heated up the soup in the microwave.		سخّنْت الصّوبّة فْ الميكْروأونْد.
to cook		طيّب
to make dinner		طيّب العْشا
to cut, chop (up)		قطّع
to dice		قطّع طْروفة صْغار
to slice		قطّع طْروفة
to cut in half		قطّع فْ النُّصّ
to cook (on the stove)		طيّب (فوق الفورْنو)
to bake (bread)		عْجن (الخُبْز)
to boil		سْلق
to fry		قْلى
pot		كاسْرونة
pan		مقْلة
tray, casserole dish	🅕 *plateau*	پْلاطو
recipe		وَصْفة

to follow a recipe		تّبع الوَصْفة
cookbook		كْتاب الطّبْخ
blender; mixer		عصّارة
toaster		توسْتر

sink	🇫 *lavabo*	لڢابو
faucet	🇫 *robinet*	روبيني
to do the dishes		غْسل المّاعن
dishwashing liquid		معْجون الغسيل

to make tea	طيّب أتاي
kettle	بُقْراج كهْربائي
to make coffee	صيّب قهْوة
coffee maker	مكينة دْيال القهْوة

garbage	زْبل
garbage can	طارُ دْيال الزْبل / پوبيّل
to throw away	لوح
to take out the garbage	لوح الزْبل

bedroom	بيت النْعاس
bed	ناموسية
single bed, twin bed	ناموسية صْغيْرة

double bed, queen bed, king bed		ناموسية كْبيرة
mattress	❶ matelas	ماطْلة
blanket		مانْطة
duvet, quilt	❶ couvre-lit	كوفرْلي
bedsheet		غْطا دْيال النّاموسية
pillow, cushion		مْخدّة
pillowcase		غْطا دْيال المْخدّة
to make one's bed		جْمع فْراشو

sleep	نْعاس
to sleep, fall asleep, go to sleep, go to bed	نْعس
I only got four- or five-hours' sleep last night.	نْعسْت غا شي ربْعة وْلا خمْسة دْيال السْويْع البارح.
What time did you go to bed?	مْعاش مْشيتي تنْعس؟
asleep	ناعس
sleepy, drowsy	ميّت بالنْعاس
to doze off	دّاه النْعاس
to take a nap	دار قيْلولة
I was feeling sleepy, so I took a short nap.	حسّيت بْراسي فيّا النْعاس، و أنا نْعس واحد الشْوية.
to dream	خْلم
a dream	حلْمة
a nightmare	حلْمة خايْبة

to have a nightmare	حْلم حْلْمة خايْبة
to snore	شْخر
to talk in one's sleep	كيْهدر و هُوّ ناعس
to sleepwalk	كيْتمشّى و هُوّ ناعس
to be unable to get to sleep, have a restless night's sleep	ما نْعسْش البارح
You don't look like you slept well.	بان لِيّا ما نْعسْتيش مزْيان.
to have insomnia	جاه الأرق
to be a light sleeper	نْعاسو خْفيف
to be in a deep sleep	غارق فْ النْعاس
to be a deep sleeper	نْعاسو ثْقيل
to stay up late	سْهر
to stay up all night	سْهر اللّيل كامل
to wake (up), rouse	فيّق
My mom woke me up.	فيّقاتْني ماما
A loud noise woke me up.	فيّقْني الصْداع
to wake up	فاق
I woke up at six o'clock in the morning.	فقْت مْع السّتة دْيال الصْباح.
to get up, get out of bed	ناض من الفْراش
wardrobe	ماريّو
hanger	علّاقة
dresser 🇫 *coiffeuse*	كْوافوز

drawer		مجر
bedside table		كوافّوز حْدى النّاموسية
alarm clock	❶ l'alarme	راڤاي لالرْم
I set my alarm for six in the morning.		عمّرْت لالرْم مْع السّتة دْيال الصْباح.
bookcase		مكْتبة
desk	❶ bureau	بيرو
bathroom	❶ toilettes	طْواليط
bathtub		بانيو
to take a bath		غْسل ڢ بانيو
shower	❶ douche	دوش
to take a shower		دوّش
sponge, loofah		لوفاه ليفه
shampoo	❶ shampooing	شمْبْوان
to dry off, towel oneself off		نشّف راسو
towel		فوْطة
towel rack		علّاقة دْيال الفوطة
hair dryer	❶ séchoir	ساشْوار
toilet		طْواليط
to flush the toilet	❶ chasse	ورّك عْلى لاشاس
toilet paper	❶ papier hygiénique, papier toilette	پاپي جينيك

پاپيي طْواليط

sink	**F** lavabo	لافابو
hot water		الما سْخون
cold water		الما بارد
(gas) water heater	**F** chauffe-eau	شّوفو
mirror		مْرايَة
to brush one's teeth		حكّ سْنانو
toothbrush		شيتة دْيال السْنان
toothpaste	**F** dentifrice	دونْتيفْريس
dental floss		خيْط السْنان
to floss one's teeth		حكّ سْنانو بالخيْط
mouth wash	**F** bain de bouche	بان بوش
to gargle		غرْغر
to wash one's face		غْسل وُجْهو
(bar of) soap		صابونْ
to shave		حسّن
razor (blade)	**F** rasoir	رازْوار
electric razor	**F** tondeuse	طونْدوز
shaving cream		رغْوة الحْسانة
lawn		الرّبيع
to mow the lawn		قطّع الرّبيع
courtyard	**F** cour	كور

garden, yard	🇫 *jardin*	جرْدة
shovel		بالة
to dig		حْفر
(garden) hose	🇫 *tuyau*	تيّو

tools		الدّوزان
saw		منْشار
to saw		قطّع بالمنْشار
hammer		مْطرْقة
to hammer		طرّق
nail, screw		مسْمار (مْسامر)
screwdriver	🇫 *tournevis*	تورْنوڤيس
axe		فاس
to chop wood		قطّع العود
wrench (UK: spanner)		ساروت

8 Food and Drink

to eat	كُلا
What do you feel like eating?	شْنو باغي تّاكُل؟
food	ماكْلة
to drink	شْرب
drink, beverage *lit. something to drink*	شي حاجة كتْشْرب
a bite	عضّة
to take a bite of	خْدا عضّة من
He took a bite of the hamburger and put it down.	خْدا عضّة من الهامْبورْگر و حطّو.
mouthful	فُمّ
a sip	جُغْمة
to take a drink/sip (of)	خْدا جُغْمة من
She took a sip of water and put the glass down.	خْدات جُغْمة دْيال الما و حطّات الكاس.
to chew	نْضغ / مْضغ
to swallow	سْرط
hungry	جيعان
to get hungry	جاع
hunger	جوع

thirsty	عْطْشان
I'm so thirsty. Could I have some water?	عْطْشان بزّاف، تقْدر تعْطيني شْوية دْيال الما؟
to become thirsty	عْطش
thirst	عْطش
full, satiated	شبْعان
to become full	شبْع
Thanks, I'm full.	شُكْرًا، شْبعْت.
to taste	ذاق
Taste the soup. Does it need salt?	ذوق الصّوبّة، واش خاصْها الملْحة؟
delicious, tasty	بْنين
taste, flavor	مذاق
I don't like how it tastes.	معْجْبنيش المذاق دْيالو.
The milk tastes funny.	مذاق الحْليب فشْكل.
to go bad	خْسر
The milk has gone bad.	الحْليب خْسر.
expiration date	تاريخ انْتِهاء الصّلاحية
The milk is past its expiration date.	الحْليب فات تاريخ انْتِهاء الصّلاحية دْيالو.
to rot	خْمج
fresh ❶ *fraîche*	فْريش
stale ❶ *périmé*	بيريمي

bland	خْفيف
salty	مالح
– How does the soup taste? – It's a little salty.	كي جاتك الصّوبّة؟ مالْحة شْوية.
sweet	خْلو
sour	حامض
bitter	مُرّ
spicy	حارّ
I don't like spicy food.	ما كتْعْجبْنيش الماكْلة الحارّة.
pungent	كيحْرق
healthy, healthful	صِحّي
good for you	مزْيان لْصحْتك
unhealthy	ماشي صِحّي
bad for you	ما مزْيانْش لْصحْتك
Potato chips are really bad for you.	شيبْس ما مزْيانْش لْصحْتك.
meal	ماكْلة
breakfast	فْطور
to have breakfast	فْطر
lunch	الغْدا
to have lunch	تْغدّى
dinner	العْشا

to have dinner	تْعَشّى
a snack ⓕ casse-croûte	كَسْكْروط
to have a snack	دار كَسْكْروط
If I feel hungry, I just have a small snack.	إلى جاني الجوع، كنْدير كَسْكْروط صْغيرْ.
water	الما
ice	ثَلْج
Can I have a glass of water, please?	عفاك، تقْدر تعْطيني شي كاس دْ الما؟
mineral water	ما معْدني
juice	عصيرْ
orange juice	عصير دْ اللّيمون
soda, carbonated drink	موناضا
cola	كوكا
Would you like some cola?	بغيتي كوكا؟
Pepsi	پيپْسي
Diet Pepsi	پيپْسي لايْت
Coke, Coca Cola	كوكا
Diet Coke	كوكا لايْت
Fanta	فانْتا
Lemon Fanta	فانْتا سيتْروْن
can ⓕ canette	كانيط / كانيطا

There's a can of cola in the fridge.	كَينا واحد كانيْط كوكا فْ التّلّاجة.
bottle	قرْعة
glass	كاس (كيسان)
cup, mug	كاس دْيال القهْوَة
coffee	قهْوَة
espresso	إيسْپْريسّو
Turkish coffee	قهْوَة تُركية
How would you like your (Turkish) coffee?	كيفاش تبْغي قهْوْتك؟
without sugar	بْلا سُكّر
with little sugar	بْشْوية السُّكّر
medium-sweet	بين و بين فْ السُّكّر
sweet	خْلُوّة
coffee beans	حْبوب القهْوَة
(Moroccan mint) tea	آتاي
alcohol; wine	شْراب
beer	بيرّة
wine 🇫 vin	ڤان
red wine	ڤان حْمر
white wine	ڤان بْيَض
liquor	خْمر
drunk	سكْران

to get drunk	سْكَر
tipsy	سكْران شْوية
to drink and drive	صاك و هُوَّ سكْران
Cheers!	بْصحْتك

dairy products		منتوجات الحْليب
milk		حْليب
yoghurt		يوكورْت
butter		زبْدة
ice cream		كُلاص
Eat your ice cream before it melts.		كول الكُلاص قْبل ما يْدوب.
cream	🇫 *la crème*	لا كْرام
margarine		سْمن
cheese	🇫 *fromage*	فُرْماج
Edam cheese	lit. red cheese (because of the red wax coating)	فُرْماج حْمر
homemade cheese	Unlike فُرْماج, جْبن is made at home and is all-natural	جْبن

junk food, fast food	ماكْلت الزّنْقة
pizza	پيتْزا
hamburger	همْبرْݣر
chewing gum	مسْكة
to chew gum	مْضغ المسْكة
chocolate	شوكُلاط

Dark chocolate is better for you than milk chocolate.		الشّوكْلاط الكْحْل حْسن ليك من الشّوكْلاط البْيَض.
potato chips		شيپْس
pastries, sweets		الحلْوَى
candy		الفنيد
cotton candy		حلْوة الصّوف
cookie		كوكيز
wafer, cracker, cookie	Bimo is a brand name in Morocco, and Moroccans tend to call cookies of any brand Bimo.	بيمو
cake		كيكة
pie	❶ tarte	طارْطا
baklava	syrupy layers of phyllo pastry	بقْلاوة
makrudh	baked date paste	مقْروط
kaak	pastry made of flour, sugar, butter, and almonds	كعْك
gazelle ankles	crescent-shaped cookies filled with almond paste	كعْب غْزال
feqqas	cookie similar to biscotti	فقّاص
mkharka	deep-fried pastry sprinkled with sesame	مْخرْقة
zlabia	any of many kinds of deep-fried pastry soaked in sugar syrup	شبّاكية
ghoriba	round, shortbread cookie often served with coffee or tea	غريْبة
briouat	triangular-shaped stuffed pastry	بْريوات
rice pudding		روْز بِالحْليب

Many fruit and vegetables are **collective nouns**. These are used with a plural meaning, although they are grammatically singular. Collective forms have singular and plural forms, but these are only used with numbers. The plural is formed with the familiar ات. The singular is formed by adding ة, resulting in a feminine noun.

bananas	بانان
one banana	بانانة وحْدة
two bananas	جوج بانانات
three bananas	ثْلاثة البانانات

vegetable	خُضْرة
asparagus	أسْبارْج
bean, green bean	لوبْيا
beet(root)	بارْبا
broad bean, fava bean	فول
broccoli	بروكْلي
cabbage	كرُم
capsicum, sweet pepper, bell pepper	فلْفْلة
carrot	خايزّو
cauliflower	شيفْلور
celery	خرْشف
chickpea	حمّص
chili pepper	فلْفْلة حارّة
cucumber	خْيار فكّوس
eggplant (UK: aubergine)	دنْجال
garlic	ثوم

green onion		بَصْلة خضّارية
mushroom	**F** champignon	شومْبِّيْنْيون
okra		مُلوخية
olive		زيتون
onion		بَصْلة
pea		جِلْبانة
potato		بْطاطا
radish		فْجل
spinach	**F** les épinards	ليزيپينار
sweet potato		بْطاطا حْلُوّة
tomato		ماطِيْشة
turnip		اللّفْت المْدوّر
zucchini (UK: courgette)		كُرْعة رْطِيْلية
salad		صالاد / شْلاضة
salad dressing	**F** sauce salade	صوص صالاد
Caesar salad	**F** salade césar	صالاد سيزار
green salad		صالاد خضْرا
potato salad		صالاد بْطاطا
salade niçoise		سالاد نيسْواز
fruit	**F** fruit	فرْوي
apple		تُفّاح

apricot		مشْماش
bananas		بانان
berry	Note that توت is the general word for berries of any kind but also the name for strawberries specifically.	توت
blueberry		توت زُرق
cherry		حبّ مْلوك
date		تْمر
fig	Note that الـ is part of the word and not the definite article.	الباكور
grapes		عْنب
grapefruit	🇫 *pamplemousse*	بومْپلْموس
lemon		حامض
mango		مونْݣو
orange	ليمون *resembles the English word lemon but means orange!*	ليمون
peach		خوخ
pear		بعْويدة
pineapple		أناناس
plum		برْقوق
pomegranate		رُمّان
raspberry	🇫 *framboise*	فرومْبواز
strawberry		توت
tangerine		مانْدلين
nut, hazelnut	🇫 *noisette*	نْوازيط

almond	لوز
coconut	الكوك
peanut	كاوكاو
peanut butter	زِبْدةْ كاوكاوْ
walnut	ݣُرݣاع
mixed nuts	فاكْيَة
fresh herbs	أعْشاب
dry herbs, spices, condiments	توابِل
aniseed	النَّافع
basil	حْبق
black pepper	بْزار
chives ⓕ *ciboulette*	سيبولات
cinnamon	قرْفة
clove	قُرْنْفُل
cumin	كامون
curry (powder)	خرْقوم
ginger	سْكِنْجبير
nutmeg	ݣُوزة
oregano	زعْتر
parsley	معْدْنوس
peppermint, spearmint	نعْناع
rosemary	ليزير

sage		الرجْلة
salt		مِلْح
sugar		سُكّر
thyme		زعْتر
vanilla	🇫 *vanille*	ڤاني
sauce	🇫 *sauce*	صوْص
gravy		حساء لحْم
ketchup		كيْتْشوپ
mayonnaise	🇫 *mayonnaise*	مايونيْز
mustard	🇫 *moutarde*	موطارْد
salsa, tomato puree		لصوص مطيشة
soy sauce		لصوص صوجا
tomato sauce		صوص دْ ماطيشا
vinegar		خلّ
rice		روْز
pasta	🇫 *les pates*	لا پاط
bread		خُبْز
piece/slice of bread		طرْف دْ الخُبْز
baguette, sandwich roll		باݣيطا پاريزيانة
homemade bread		خُبْز الدّار

flour bread	خُبْز الفورْص	*American armed forces stationed in Morocco in the mid 20th century would give bags of flour to working-class locals, which gave rise to the name of this simple style of bread* ❶ *forces*
semolina bread	خُبْز بْالسْميدة	
yeast	خْميرة	
flour	دْگيگ	
toast; sliced bread	توسْت	
jam	كوفيتير	
honey	عْسل	
protein	پْروتين	
egg	بَيْض	
yolk	صْفر البَيْض	
egg white	بَيْض البَيْض	
fried egg	بَيْض مقْلي	
boiled egg	بَيْض مسْلوق	
omelet	أومْليط	
meat	لْحم	
beef	لْحم البكْري	
I don't feel like chicken. Let's have beef.	ما فيّا ليّ ياكُل الدْجاج، أجي ناخْدو البكْري	

(beef) steak	سْتيْك
minced meat	كفْتة
chicken	دْجاج
chicken filet	سْتيكات دْجاج
lamb	لْحم الغنْمي
pork	لْحم الحلّوف
ham	لحْم مُدخّن
sausage	صوْصيط
hot dog	هوْت دوكْ
fish	حوت
fish bone	شوك الحوت
bream	باجّو
hake	ميرْلا
mullet	بورية
salmon	سلمون
shark	قِرْش
tuna	طوْن
seafood ❶ *fruit de mer*	فْغْوي دو ماغ
crab	بوجعْران
lobster	سرطان البحْر
mussel	محّار
octopus	أخْطبوط

oyster	بوزْروك
shellfish	محّار
shrimp ❶ crevette	كْروڤات
squid, cuttlefish	حبّار

fat	شحْمة
This meat has a lot of fat on it.	هاذ اللْحم فيه بزّاف دْ الشّحْمة.
greasy, oily	مْزيّت
This dish is quite greasy.	الماكْلة مْزِيْتة شْوية.

soup	صوبّا
to eat soup	شْرب الصّوبّا
to sip	جْغم
to slurp soup	جْغم الصّوبّا
orzo soup *lit. bird's tongue*	لْسان الطّيْر
vegetable soup	صوبّا بالخُضْرة
lentil soup	صوبّا بالعدس
herber soup with meat	هْربر باللحم
fried	مقْلي
(vegetable) oil	زيت
baked, roast	طايب فْ الفورْنو
boiled	مسْلوق
grilled, roast	مشْوي

carton		كَرْطُونة
bag		شُكّارة (شْكايْر)
jar		حُكّ (حْكاك)
couscous		كسْكْسو
harira	soup with tomato, lentils, chickpeas, and meat	حْريرة
falafel		فلافِل
egg with tomatoes		بَيْض بْمْطيشة
egg with tomatoes and sausage		بَيْض بْمْطيشة و صوصيط
rfissa	chicken with lentils	الرْفيسة
m'semen	Moroccan flatbread	مْسمّن
fava bean salad		فول مشرْمل
baghrir	Moroccan pancake	بغْرير
lentil sauce		صوص دْيال العْدس
zaalouk	salad of cooked eggplant and tomatoes	زعْلوك
shawarma sandwich	sliced gyro meat	سُنْدويتْش شوارْما
bastilla	Moroccan meat pie	بسْطيلة
tanjia	stew from Marrakesh	طنْجية
vegetable sauce		صوص خُضر
tajine	dish baked in earthenware pot	طاجين
table manners		آداب الطّبْلة
Thank you for the meal!	said to host(ess) after having tried the food	الله يعْطيك الصّحّة

to talk with one's mouth full		كيدْوي و فُمّو عامر
Don't talk with your mouth full!		ما دْويش و فُمُّك عامر!
Could you pass the salt, please?		عافاك، آرا مْعاك المِلْحة؟
Excuse me for a moment.	when excusing oneself from the table	سمْحو ليّا واحد الدّقيقة.
Thank you for the meal.	said after finishing a meal in someone's home	الله يعْطيك الصّحّة عْلى الماكْلة.
You're welcome.	response to above	بْصحْتك.

9 Work

work, job		خدْمة (خْدامي)
to work, be employed		خْدم
She works as a teacher.		خدّامة أُسْتاذة.
She works in (the field of) teaching.		خدّامة فْ التّعْليم
I work five days a week.		كنْخْدم خمْس أيّام فْ السِّمانة.
job, task		خدْمة
full-time	❶ *plein temps*	وَقْت كامل پْلان طون
I work full-time.		كنْخْدم وَقْت كامل.
part-time	❶ *temps partiel*	نُصّ وَقْت طون پارْسْيال
I want a part-time job.		بْغيت خدْمة نُصّ وَقْت.
the private sector	❶ *privé*	القِطاع الخاصّ پْريڤي
the public sector	❶ *publique*	القِطاع العامّ پوبْليك
civil servant		مُوَظّف
to look for a job		قلّب عْلى خدْمة
to apply for a job		دْفع لْخدْمة
applicant, candidate	❶ *candidat*	كونْديدا

experience		خِبْرة
to have a job interview	❶ entretien	عَنْدو أونْطْخوتْيان دْيال الخَدْمة
to interview		دار أونْطْخوتْيان
to get a job		دَبَّر عْلى خَدْمة
to find a job		لْقى خَدْمة
to obtain employment		تْوَظَّف
Have you found a job yet?		لْقيتي خَدْمة ولّا باقي؟
to employ		خَدَّم
employee		خَدّام / مُوَظَّف
employer	❶ employeur	مول الخَدْمة / أومْبْلْوايور
boss, manager	❶ chef	مُدير / شاف
colleague, coworker	❶ collègue	زْميل (زُملاء) / كوليك
company		شْريكة
to start work		بْدا الخَدْمة
to take a break	❶ pause	خْدا بّوز
lunch break	❶ pause déjeuner	بّوز ديجوني
to finish work, get off work		كَمَّل الخَدْمة

to work overtime	خْدم سْوايْع زايْدة
working hours	سْوايْع الخدْمة
I work eight hours a day.	كنْخدم تمْنْية السُّوايْع فْ النُّهار.
day shift	خدْمة النُّهار
night shift, graveyard shift	خدْمة اللّيل
I work the night shift.	كنْخدم بْاللّيل
off work, not working	ما خدّامْش
I have weekends off.	مكنْخْدمْش الويكانْد.

office	بيرو
office worker	مُوَظّف
company representative	منْدوب شرِكة
to stay late at the office	بْقا مْعطّل فْ البيرو
to go on a business trip 🄵 déplacement	خرج ديپْلاسْمون
to have a meeting	عنْدو اجْتِماع
client 🄵 client	كْلِيّون

to earn (money)	دخّل فْلوس
wage, salary 🄵 salaire	صاليْر
My salary is just okay.	صاليْر دْيالي عادي.
to get paid	تْخلّص
payday	نْهار الصّاليْر
I get paid on the first of the month.	كنْتْخلّص فْ اللُّوّل دْ الشّهْر

bonus, incentive	ⓕ bonus	بونوس
pay raise		زْيادة فْ الصّالير
to get a raise		جاتو زْيادة
to give __ a raise		زاد لْ __ فْ الصّالير
promotion	ⓕ promotion	تَرْقِية / پْرُوْمُوْسْيُوْن
to get promoted		تْرقّى
I got a promotion this month.		تْرقّيت هاذ الشّهر.

unemployed, jobless	ⓕ chômeur	شوْمور
unemployment	ⓕ chômage	شوْماج
to resign		سْتقال
to quit one's job		خْرج من الخْدمة
to lay off, make redundant		اسْتغْنى عْلى
to fire		طْرد
to get fired		تْطْرد
to retire		تْقاعد
pension		تقاعُد
(age of) retirement		سِن التّقاعُد
I hope to retire when I'm sixty.		ماكرهْتْش نْتقاعد فْ السّتين.

career	ⓕ carrière	كازْيير
trade, craft		صنْعة (صْناعي)
What do you do?		أش كادّير؟

I'm a __.		كنْخْدم __.
accountant	🇫 comptable	كونْتابْل
actor		مُمثّل
architect		مُهنْدِس مِعْماري
artist		فنّان
athlete		رياضي
baker	🇫 boulanger	بولونْجي
bank teller		خدّام فْبنْكة
banker, bank manager		مُدير بنْكة
barber		حجّام
bus driver		شيفور طوبيس
butcher		گزّار
carpenter		نجّار
cashier	🇫 caissier	كيْسْي
chef		شاف
cleaner		مُنضِّف
cook		طبّاخ
customer service representative	🇫 représentant service client	رپْريزونْتون سيرڤيس كْليّون
dentist		دونْتيسْت
doctor		طْبيب
editor		مُحرِّر
electrician		تْريسْيان
engineer		مُهنْدِس

farmer		فلّاح
fire fighter		بوْمبي
fisherman		صيّاد
flight attendant		مُضيف طيّران
garbage collector		مول الزُّبل
gardener	🇫 *jardinier*	جارْدينيي
hairdresser	🇫 *coiffeur*	حجّام كْوافّور
imam		إمام
judge		قاضي
laborer		خدّام
lawyer		مُحامي
maid		خدّامة
mechanic		ميكانيك
musician		موسيقي
nurse		فرْمْلي
painter (of art)		رسّام
painter, house painter		سبّاغ
pharmacist		صَيْدلي
pilot	🇫 *pilote*	بيلوط
plumber	🇫 *plombier*	پْلوْمبي
police officer		بوليسي
politician		سِياسي

priest			كاهِن
professor			أُسْتاذ / پْروف
real estate agent			سمْسار
repairman			خْرِيْفي
sailor			بحّار (بحّارة)
salesperson			بيّاع (بيّاعة)
secretary			سُكْرِيْتِيْرا
servant		🇫 *bonne*	بوْن
shop assistant		🇫 *vendeur*	ڢوْندور
shopkeeper			مول الحانوت
soldier			عسْكري
taxi driver			مول الطّاكْسي
teacher			مُعلّم
technician		🇫 *technicien*	تِيْكْنِيسْيان
travel agent		🇫 *agent de voyage*	أجون دو ڢْوايّاج
veterinarian		🇫 *vétérinaire*	ڢْيْتِيْرينار / بيطري
waiter		🇫 *serveur*	سِيْرڢْور
waitress			سِيْرڢْورة
writer			كاتِب

10 School and Education

education	تعْليم
educated, literate	قاري
to learn	تعلّم
illiterate	أمّي
illiteracy	أمّية
What is the illiteracy rate in Morocco?	شْحال مُعدّل الأمّية فْ المغْرِب؟
school	مدْرسة (مدارِس)
student ❶ étudiant	طالب / إيتودْيون
preschool	روْض
kindergarten	حضانة
elementary school, primary school — In the Moroccan education system, there are six years of elementary school.	مدْرسة بْتِدائيّة
when I was in elementary school, ...	مْنِ كنْت فْ البْتِدائي ...
first grade (year)	أوّل بْتِدائي
Her son is in first grade.	ولْدها فْ اللُّوّل بْتِدائي.
middle school ❶ collège — In the Moroccan education system, there are three years of middle school.	مدْرسة إعْدادية / كولّيج
high school, secondary school ❶ lycée — In the Moroccan education system, there are three years of high school.	ليسّي

academy	أُكادِمية
language academy	أُكادِمية لُغات
I'm studying Arabic at a language academy in Morocco.	كَنْقْرى العَرْبية فْواحَد أُكادِمية اللُّغات فْ المَغْرِب.
in fifth grade	فْ الخامَس بتِدائي
in sixth grade	فْ السّادَس بتِدائي
in one's second year of middle school — *lit. in the eighth [year]*	فْ الثّامْنة
in one's third year of high school — The final year of high school is called 'bac,' an abbreviation of the 'baccalauréat' exams, which are taken that year to graduate.	فْ الباك
class, period	حِصّة
I have six classes a day.	عَنْدي سْتة الحِصص فْ النْهار.
Class starts at 8 o'clock and finishes at 9 o'clock.	الحِصّة كَتْبدا مْع الثْمْنية و كَتْسالي مْع التْسْعود.
lecture	مُحاضرة
to attend a lecture	حْضَر لْمُحاضرة
to study	قْرا
studies	قْراية
curriculum — ❶ *programme*	پْروگْرام
question	سُؤال (أَسْئِلة)
to ask a question in class	سَوَّل سُؤال فْ القِسْم
answer	جْواب (أَجْوِبة)

to answer	جاوَب عْلى
to raise one's hand	هز صبْعو
mistake	غلْطة
right, correct	صْحيح
wrong, incorrect	خطأ
He got three questions wrong.	جاب ثْلاثة الأسْئِلة خطأ.
classroom	قِسم (أقْسام)
lecture hall ❶ amphi	أومْفي
desk	طاوِلة
textbook	كِتاب مدْرسي (كُتْب مدْرسية)
notebook	دفْتار (دْفاتر)
to take notes ❶ des notes	خْدا دا نوْت
to copy	نْقل
Copy these sentences into your notebook.	نْقُل هاد الجُمل فْدفْتارك.
backpack	شكّارة
blackboard	صبّورة
chalk	طباشيرْ
whiteboard	صبّورة بيْضا
map	خريْطة
library	مكْتبة
gymnasium	صال الجِمْناسْتيك

playground, school yard		السَّاحة
cafeteria		كافيتيرْيا
laboratory	❶ *laboratoire*	لابوراتْوار / لابو
auditorium, theater		مسْرح (مسارح)
school bus	❶ *transport*	طْرونْسْپورْ دْ المدْرسة
summer vacation		عُطْلة الصّيْف
winter vacation		عُطْلة الشْتا
break, recess	❶ *pause*	پوزْ / سْتِراحة
We have a fifteen-minute break between classes.		عنْدْنا پوزْ رْبُع ساعة مابينْ الحِصص.
lunch break	❶ *pause déjeuner*	پوزْ ديْجوني
test, exam		مْتِحان
to take a test		دوّزْ مْتِحان
mid-term (exam)		مْتِحانات نُصّ العام
final exam		مْتِحانات آخِر العام
entrance exam	❶ *concours*	كونْكور
an oral exam		مْتِحان شفَوي
a written exam		مْتِحان كِتابي
to pass a test		نْجح فْ المْتِحان
to fail a test		سْقط فْ المْتِحان

exam results	نتائج المتْحان
grade	مُعدّل
to get a good grade	جاب مُعدّل مزيان
a passing grade	مُعدّل النّجاح
a failing grade	مُعدّل السُّقوط
report card ❶ *bulletin*	بولْتان
to study, review	راجع
He needs to study for the test.	خاصّو يْراجع المتْحان.
homework	التّمارين
to do homework	دار التّمارين
to check, revise, review	راجع
essay, paper, composition	مَوْضوع
The students have to write an essay about a historical event.	التّلاميذ خاصْهُم يكتبوا موْضوع عْلى حدث تاريخي.
teacher; professor	أُسْتاذ (أساتِذة)
Good morning, teacher!	صْباح الخير، أُسْتاذ!
lecturer	مُحاضِر
principal	مُدير
to teach	قرّا
to teach a course ❶ *cour*	قرّا كور
She teaches at the university.	كتْقرّي فْ الجامِعة.

Ahmad is teaching me Arabic.	أحْمد كيْقرّيني العرْبية.
to teach a lesson	قرّا درْس
to correct a test	صحّح مْتِحان

to enroll	تْقيّد
	تْسجّل
enrollment	التّقْياد
	التّسْجال
I intend to enroll in an Arabic class next month.	مْعوّل نتْقيّد فْكور دْالعرْبية الشّهْر الجاي.
school year	سنة دِراسية
semester 🅕 *semestre*	سُماسْتر
tuition	مصاريف القْراية
scholarship 🅕 *bourse*	بوزْس
student loan	قرْض دْيال الطّلبة

university	جامِعة
	لافاك
	كلّية
to get into college, start university	تقْبل فْ الجامِعة
to go to college	مْشا الجامِعة
department, faculty 🅕 *département*	دِيارْتومون
I got into the faculty of medicine, but later I changed to law.	تقْبلْت فْجامِعة الطّبّ، و لكِن من بعْد بدّلْت لْ القانون.

major	تخصّص
minor	تخصّص فرْعي
to major in	اتْخصّص ف
What are you majoring in?	فاش متْخصّص؟
I'm majoring in English literature.	متْخصّص فْ الأدب الإنْجْليزي.
university campus · campus	كومْپوس
dormitories	الحي الجاميعي
Do you live on campus?	نْتا ساكن فْ الحي الجاميعي؟
to graduate from	تْخرّج من
When did you graduate from university?	إمْتى تْخرّجْتي من الجامِعة؟
I graduated from university in 2005.	تْخرّجْت فْألْفيْن و خمْسة.

freshman (1st year university student) · première année	پْرومْييَر أني
sophomore (2nd year) · deuxième année	دوزْيام أني
junior (3rd year) · troisième année	طْخْوازْيام أني
senior (4th year) · quatrième année	كاتْخْيام أني
All the freshmen have to attend an orientation ceremony.	گاع لي پْرومْييَر أني خاصْهم يْحضْرو حِصّة التّعارُف.

degree; diploma · diplôme	ديپْلومْ
certificate	شهادة
He got a certificate for completing the course.	خْدا شهادة بلّي كمّل الكور.

to get a bachelor's degree	ⓕ *licence*	خْدا اللِّيسّونْس
college student, undergraduate student		طالِب
undergraduate studies	ⓕ *premier cycle*	پْخومْيي سيكْل
to do a master's degree		دار ماسْتر
to do a doctorate		دار دوكْتورة
thesis, dissertation	ⓕ *mémoire*	مامْوار
subject		مادّة (مواد)
What was your favorite subject in school?		شْنو كانت أحْسن مادّة عنْدك؟
I really enjoyed studying history, but I hated science class.		كنْت كنْبْغي نقْرا التّاريخ، ولكِن مكنْتْش كانْحْمل الصّيونْص.
to be good at		مزْيان ف
He's really good at math.	ⓕ *math*	هُوّ مزْيان فْ الماط.
biology	ⓕ *biologie*	بْيولوجي
chemistry	ⓕ *chimie*	الشّيمي
dentistry		طِبّ الأسْنان
economics	ⓕ *l'économie*	لاكونْومي
geography		جُغْرافْيا
geology		جيولوجْيا
geometry		هنْدسة
history		تاريخ
law		حُقوق
linguistics		عِلْم اللُّغات

literature	أدب
mathematics ⓕ *math*	ماط
medicine	طُبّ
philosophy	فلْسفة
physical education (P.E.)	ترْبية بدنية
physics ⓕ *physique*	فيزيك / فيزْياء
political science	عُلوم سِياسية
psychology	عِلْم النّفْس
science	ضْيونْص
social studies	دراسات جْتِماعية

11 Health and Medicine

health	صِحّة
healthy, in good health	لاباس
sickness, illness, disease	مرْض (أمْراض)
sick, ill	مْريض (مْراض)
to be in poor health	عيّان
to be handicapped	مُعاق
wheelchair	كُرْسي مُتحرِّك
doctor	طْبيب (طُبّه)
I don't feel well. I think I need to go see a doctor.	حاسّ بْراسي مْشي مزْيان، واقيلا خاصْني نمْشي عنْد الطْبيب.
specialist	أخِصّائي
cardiologist	طْبيب قلْب
eye doctor, ophthalmologist	طْبيب العيْنين
to make an appointment with ❶ *rendez-vous*	خْدا رونْديڢو مْع
hospital	سْبيطار
doctor's office, clinic	عِيادة
nurse (male)	ڢرْمْلي
nurse (female)	ڢرْمْلية
patient	مْريض (مرْضى)
to get a (medical) check-up ❶ *contrôle*	دار كونْترول عنْد طْبيب

to diagnose	*diagnostic*	دار دياݣْنوسْتيك
diagnosis		دياݣْنوسْتيك
to examine		شاف
examination		كونْترول
The doctor examined him and diagnosed him with *grippe* the flu.		شافو الطّبيب و لقا عنْدو ݣْريپ.

problem		مُشْكِلة (مشاكِل)
What's wrong?		شْنو المُشْكِل؟
I'm sick.		آنا مْريض.
pain		وْجع / ألم
My __ hurts.		كيضرُّني ___.
My shoulder has been hurting for ages.		كتْفي ضارْني من شْحال هاذي.
It hurts here.		كيضرْني هْنا.
to have a backache		كيضرّو ظهْرو
to have a headache		كيضرّو راسو
I have a really bad headache.		كيضرُّني راسي بزّاف.
migraine	*migraine*	ميݣْران
dizziness		دوخة
dizzy		دايخ
to faint		داخ
to have a cold		ضرْبو البرْد

84 | Moroccan Colloquial Arabic Vocabulary

to be congested, have nasal congestion	نيفو مسْدود
to have the flu	عنْدو كْريپ
to have a fever	عنْدو سْخانة
to have a stomachache	ضارّاه كُرْشو
to have a sore throat	ضارّاه قرْجوتّو
to cough	كُحب
to have a cough	عنْدو كُحْبة
to vomit, throw up	ردّ
to experience nausea, be nauseous	فيه الرّدّان
to have diarrhea	جاه الإسْهال
to be constipated	مقْبوط
to have indigestion	عنْدو سوء الهضْم
diabetes	السُّكّر
to be diabetic	عنْدو السُّكّر
to have asthma	عنْدو الرّبْو
to have high blood pressure ⓕ *tension*	عنْدو الطّونْسْيون
AIDS	السّيدا
cancer ⓕ *cancer*	كونْصيرْ
to get injured	تْوعّت
to have a bruise	عنْدو زْروثية
wound, cut	جرْحة

to get stitches	غرّز
stitch	غُرْزة (غْرازي)
burn	حرْقة
to get burned	تّحْرق
bandage, Band-Aid	فاصْمة
to have a sprained ankle 🇫 *cheville*	لْوا الشّوفية
to break a bone	هرّس العْظم
a broken bone	عْظم مْهرّس
cast (UK: plaster); splint	جْبيرة كُبْص
He broke his arm and has to wear a cast now.	هرّس إيدّو و دابا خاصّو يْدير الكُبْص.
x-ray	رادْيو
to x-ray	دار رادْيو
medicine	دْوا (دْوايات)
prescription 🇫 *ordonnance*	أوْرْدونونْس
aspirin	أسْپيرين
pill	فانيدة
antibiotics 🇫 *antibiotiques*	أونْتيبْيوتيك
injection, shot	بْرا
to get a shot	دار بْرا
to draw blood	جْبد الدّمّ
to run a blood test	دار تحْليلة الدّمّ

to cure, heal		بْرا
recovery, healing		الشُّفا
to treat		داوا
treatment	ⓕ *traitement*	دْوا طْريطْمون
infection	ⓕ *infection*	آنْفيكْسْيوْن
contagious		كَيْعادي
Are you contagious?		واش مرْضك كَيْعادي؟
surgeon		جرّاح
surgery		عملية
to perform surgery on, operate on		دار عملية عْلى
to undergo surgery, have an operation		دار عملية
to have an abortion	*f. verb*	دارت إجْهاض
plastic surgeon		جرّاح تجْميلي
plastic surgery		عملية تجْميل
pregnancy		حْمل
to get pregnant by	*f. verb*	حمْلات من
pregnant		حامْلة
to give birth	*f. verb*	ولْدات
When are you due?		إمْتى غتْولْدي؟
I'm due in early December.		غنْوْلد فْ البدْية دْيال ديسّومْبر.

How far along is she?	فْإينا شْهر هِيّ؟
She's six-months pregnant.	هِيّ فْ الشّهر السّادس.
to use birth control	خْدات حُبوب منْع الحمْل
condom ❶ *préservatif*	پْريزيْرڤاتيف

dentist ❶ *dentiste*	دونْتيسْت
to have a cavity	عنْدو السّوسة
to have a toothache	ضاراه سنْتو
to have a chipped tooth	عنْدو سنّة مْهرْسة
to get a filling	حُشى السّنّة
to get a tooth pulled	حيّد سنّة
to get a cleaning ❶ *détartrage*	دار ديطارْطْراج
I'm going to the dentist's to get a check-up and a cleaning.	غنْمْشي عنْد الدّونْتيسْت يْشوف لِيّا سْناني و نْدير ديطارْطْراج.
to get one's teeth whitened	بيّض سْنانو

12 Technology

technology		تِكْنولوجْيا
computer	❶ pc	پيْسيْ
to turn on the computer		شعّل الپيْسيْ
to turn off the computer		طْفى الپيْسيْ
laptop	❶ pc portable	پيسي پُغْطاپْل
monitor, screen	❶ écran	أكْرون
keyboard	❶ clavier	كْەْلاڤْيْ
mouse	❶ souris	سوري
to click on		كْليكا عْلى
file	❶ fichier	فيشْيْ
folder	❶ dossier	ضوصْيْ
I can't remember what folder the file is in.		معْقلْتْش إينا ضوصْيْ فيه الفيشْيْ.
to open a file		حلّ فيشْيْ
to save		أونْغُجيسْتخَ
to close		سدّ
to delete		مْسح
Internet		أنْتِرْنيْت
on the Internet, online	❶ connecter	مْكوْنيْكْطيْ
to get on the Internet, go online		تْكوْنيْكْطا
WIFI		ويفي

Is WIFI available here?		كايْن الويفي هْنا؟
website		سيت
web page		پاج (أنْترْنْيت)
to download	ⓕ télécharger	طيْليشرْجا
to upload	ⓕ poster	پوْضْطا
e-mail		إيمايْل
to send an e-mail		سايْفْط إيمايْل
username		إسْم
password	ⓕ mot de passe	موْ دو پاص
Enter your username and password.		دخّل سْميتك و موْ دْ پاص.
Facebook		فيْسْبوك
to click "like"	ⓕ j'aime	دار "جام"
Twitter		توْيتر
printer	ⓕ imprimante	آمْپرِمونْت
to print		طْبع
scanner	ⓕ scanner	سْكانيْر
to scan		سْكانا
fax, fax machine		فاكْس
to fax		فاكْسا
cell phone	ⓕ portable	پوْرطابْل
app	ⓕ application	أپْلِكاسْيوْن

to send a text message	🇫 *message*	سيْفْط ميصاج
ringtone	🇫 *sonnerie*	سوْنْغي
vibration	🇫 *vibreur*	فيبْرور
silent mode	🇫 *silencieux*	سيلونْسْيو
telephone, phone		تِليفوْن
phone number		نمْرة التِّليفوْن
What's your number?		شْنو نمْرة التِّليفوْن دْيالك؟
to call, phone (someone)		عيّط لْـ
(phone) call		مُكالمة
	🇫 *appel*	آپّيل
line		خطّ
to ring	🇫 *sonner*	صوْنا
The phone's ringing!		التِّليفوْن كيْصوْني!
to get a phone call		جاه آپّيل
to answer the phone		جاوْب فْ التِّليفوْن
Hello?		آلو؟
on the phone		فْ التِّليفوْن
to talk on the phone		دْوى فْ التِّليفوْن
to hang up (the phone)		قْطع
to hang up on		قْطع عْليه التِّليفوْن
to call a wrong number		عيّط لْنمْرة غلط
receiver		سمّاعة

13 Getting Around

transportation	❶ transport	تْرونْسْپوْر
means of transportation		وَسائِل النّقْل
to take, get on/in (a bus, taxi, etc.)		شدّ
to get off, get out of		هْبط من
transportation, shipping	❶ livraison	ليڤْريزون
freight		شحْن
truck		كاميّو
pick-up truck		پّيكوپ
ship	❶ bateau	باطوْ
boat		فْلوكة (فْلايْك)
city bus		طوبيس
intercity bus		كار
I usually go to work by bus.		الأغْلبية كنْشد الطّوبيس لِلْخدْمة.
to miss the bus		مْشا عْليه الطّوبيس
bus stop		بْلاكت الطّوبيس
bus driver		شيفور الطّوبيس
metro, subway (UK: underground)	There is no subway system in Morocco, but such words are included so you can talk about other places, as well.	مِترو

I take the metro every day.	كنْشد الميترْو كُلّ نْهار.
metro station	محطّة الميترْو
taxi	طاكْسي
We took a taxi downtown.	شدّينا تاكْسي لْوسْط المْدينة.
taxi driver	مول الطّاكْسي
to hail a taxi	شيّرْ لْ الطّاكْسي
taxi meter 🇫 *compteur*	كونْتور
to negotiate the fare	تّاوا عْلى الثّمن
left	ليسر
Turn left!	دوّرْ عْلى ليسر!
right	ليمن
Turn right!	دوّرْ عْلى ليمن!
straight	نيشان
Go straight!	سير نيشان!
bicycle	بّيكالا
to ride a bicycle	رْكب فْ بّيكالا
cyclist	سيكْليسْت
bicycle lane, bike path	طْريق الدّرّاجات
pedal 🇫 *pédale*	بِدال
chain	سنْسْلة البّيكالا

bike seat		كوسان
motorcycle		موْطور
helmet	🇫 *casque*	كاسْك
tuk-tuk, auto-rickshaw		تُكْتُك
car	🇫 *automobile*	طنوْبيل
to drive		صاك
driver		شيفور (شْوافْرية)
passenger		راكِب
driver's license	🇫 *permis*	پيرْمي
traffic	🇫 *circulation*	سيرْكِلاسْيون
traffic jam	🇫 *embouteillage*	أمْبوتيّاج
to get stuck in traffic		وْحل ف الأمْبوتيّاج
The traffic is horrible right now!		الطّريْق عامْرة دابا!
rush hour		وَقْت الأمْبوتيّاج
Let's not go downtown right now. It's rush hour.		بْلا منْمْشيوْ لِلْمْدينة دابا، وَقْت الأمْبوتيّاج دابا.
to pass, overtake		دوبل
to stop		وْقف
to yield to		خلّا
to have the right of way		عنْدو الأسْبقية
pedestrians		راجِلين
sidewalk (UK: pavement)	🇫 *trottoir*	طْرُطْوار

cross walk, pedestrian crossing (UK: zebra crossing)	🇫 *passage piéton*	باصاج پياتوْن
to cross the street		قْطع الشّانْطي
traffic light		الضّوْ
green light		الضّوْ الخْضر
red light		ضّوْ الحْمر
yellow light		ضّوْ الصْفر
to run a red light		حرك الضّوْ
to park		بْلاصا
parking lot		پارْكينْغ
parking garage		كاراج
to park on the street		بْلاصا فْ الشّارع
lane	🇫 *voie*	قْوا
to change lanes		بدّل القْوا
intersection	🇫 *intersection*	آنترْساكْسْيون
round-about	🇫 *rond point*	رونْ پْوان
highway, expressway (UK: motorway)	🇫 *autoroute*	أوْطوْروت
bridge, overpass		قنْطْرة
speed limit		السّرْعة القُصْوى
license plate (UK: number plate)		بْلاكة الطّنوْبيل
car insurance	🇫 *assurance*	أسورانْس دْيال الطّنوْبيل
to pick up		ركّب هزّ

to drop off		نزّل / حطّ
You can just drop me off on the corner.		حطّني غا مْعى الدّوْرة.
to give a lift to, take		وَصّل
Can you give me a ride home?		تقْدر توْصّلني للدّار؟
hood		سْقف
windshield	◐ pare-brise	پارْبْريز
trunk	◐ coffre	كوفر
the front seat		الكُرْسي اللّي القُدّام
the back seat		الكُرْسي اللّي اللّور
car door		باب الطّنوْبيل
car door handle	◐ poignée	پْواني
window		الزّاج
to roll the window up		طلّع الزّاج
to roll the window down		هبّط الزّاج
The door is ajar.	lit. ... not closed well	الباب مامسْدودْش مزْيان.
steering wheel	◐ volant	فولون
to drive, steer		ساك
turn signal	◐ signal	سينْيال
He never uses his turn signal.		ماعمْرو ما كيْدير السّينْيال
rear view mirror	◐ rétroviseur	رِتْروفيزور
side view mirror		مْراية

glove compartment	❶ boîte à gants	بْواطْ آكُون
dashboard	❶ tableau de bord	طابْلو دو بور
emergency brake, hand brake	❶ frein à main	فْران آ مان
tire (UK: tyre)		رْويدة
to check the tire pressure		شاف پْريسْيون دْيال الرْويدة
to get a flat tire		الرْويدة تْفرْكْعات
spare tire		رْويدة سوكور
to change a flat tire		بدّل الرْويدة
automatic	❶ automatique	أُوْطُوماتيك
manual, stick-shift	❶ manuel	مانيّال
I can't drive a stick.		مانعْرفْش نْصوكْ مانِيّال.
pedal	❶ pédale	پيْدال
clutch		أُومْبْريّاج
brake	❶ frein	فْران
to brake		فْرانَ
gas pedal, accelerator	❶ accélérateur	أكْسيْليراتور
to accelerate, speed up		كْسيرا
to slow down		نْقص من السُّرْعة
stick shift	❶ boîte à vitesse	بْواطْ آ فيتّاس
1st gear		پْروميي
reverse (gear)	❶ marche arrière	مارْش آرْيار
to back up		دار مارْش آرْيار
to change gears		بدّل الفيتّاس

I put the car in reverse and started backing up.		درْت مارْش آرْيار و بْديت كنرْجع اللّوّر.
speedometer	ⓕ compteur	كونْتور
to do the speed limit		حْترم السُّرْعة
to speed, go over the speed limit		ما حْترمْش السُّرْعة
The police pulled me over for speeding.		وَقْفوني البوليس عْلى السُّرْعة.
gas (UK: petrol)		لْيْصانْص
We've run out of gas.		سالا لينا لْيْصانْص.
The tank is full.	ⓕ réservoir	الرّْزارْڤْوار عامر
gas station		سْطاسْيونْ
gas pump		بومْبا (دْيال لْيْصانْص)
to get gas		دار لْيْصانْص
to change the oil		بدّل الزّيت
to put on one's seatbelt, wear one's seat belt		دار الصّمْطة
to start a car	ⓕ démarrer	دِمارَ الطّنْوْبيل
The car won't start.		مبْغاتْش دّمارَ الطّنْوْبيل.
to turn off the engine		طْفى الموْطور
bumper	ⓕ pare-chocs	پار شوك
(car) roof		سْقف
to get in a fender-bender		دار أكْسيدون صْغير
dent		خبْطة
There's a dent in the side of the car!		كينا خبْطة فْ الجنْب دْيال الطّنْوْبيل!

headlight	الضّوْ (الضّواو)
Turn on your headlights when it starts to get dark.	شعّل الضّواو مْني بْدا كيْضْلام الحال.
to get in an accident, have an accident	دار كْسيدة
to crash	خْبط
He crashed (his car) into a tree.	دْخل بْطنوْبيلْتو فْشجْرة.
to be totaled, destroyed	تْشخْشخ
The car was totaled in the accident.	الطّنوْبيلة تْشخْشخات ف الكْسيدة.

14 Around Town

city	مْدينة (مُدُن)
town	بْلاد
village	قرْية
downtown	وسْط المْدينة
square	ساحة
park	پارْك
fountain	نافورة
street	شارع (شْوارع)
alley, narrow street	زنْقة (زْناقي)
corner	كْوان
bakery	مخْبزة (مْخابز)
bank	بنْكة
butcher shop	كْزّار (كْزّارة)
city hall	بلدية
fire station	الوِقاية المدنية
grocery store	حانوت (حْوانت)
museum	متْحف
police station — ❶ *commissariat*	كْمِسارية
post office	بوْسْطة
supermarket — ❶ *supermarché*	سوپار مارْشي

restaurant	❶ *restaurant*	رِسْطورون
café, coffee shop		قَهْوَة (قْهاوي)
to go to a café		مْشا لِلْقَهْوة

15 Buildings and Construction

to build	بْنى
construction	بْني
construction worker	بنّاي (بنّايا)
building, structure	مَبْنى
skyscraper	ناطِحة سحاب
apartment building	عِمارة
office building	عِمارة دْيال بيرْوّات
high-rise building	مَبْنى عالي
tower	بُرْج (أبْراج)
to demolish	هدّ
elevator (UK: lift) 🇫 *ascenseur*	أسونْسور
stairs, staircase	دْروج
escalator 🇫 *escalier*	أَسْكالْيي
to go upstairs	طْلع الفوْق
to go downstairs	هْبط التحْت
basement 🇫 *sous-sol*	سوصولْ
ground floor 🇫 *rez-de-chaussée*	ري دْ شوسّي
top floor	الطّاج اللّخّر
story, floor 🇫 *étage*	طاج
concrete	السّيما

brick	ياجوْر
wood	عود
glass	زاج جاج
metal	معْدن
steel	الحْديد الصّلْب
iron	حْديد

16 Bank

bank		بْنْكة
The Central Bank of Morocco		بْنْك المغْرِب
to borrow money from the bank		تْسلّف فْلوس من البْنْكة
to lend money to __		سلّف فْلوس لْ
loan	ⓕ crédit	كْريدي
to finance		موّل
mortgage, home loan		رهْن كْريدي دْيال الدّار
payment, installment	ⓕ traite	تْريْتة
to make a payment on a loan		خلّص تْريْتة عْلى الكْريدي
to pay in installments		خلّص بْالتّرْيْتات
to settle, pay off (a debt)		خلّص سدّد
debt		دين (دُيون)
interest	ⓕ intérêt	فائِدة آنْتيرْيْ
This account pays 5% interest.		هاذ الكونْط كيخلّص خمْسة فْ المْية آنْتيرْيْ.
to earn interest		خدا آنْتيرْيْ
account	ⓕ compte	كونْط
savings account		حْساب التّوْفير

savings		الفْلوس المجْموعين
to save, put aside		جْمع
He has over 100,000 dirham in savings.		هُوَّ جامع كْثر من مْيات ألْف درْهم.
I try to save a little money every month.		كنْحاول نجْمع شْوية الفْلوس كُلّ شْهر.
to deposit		حطّ
to withdraw	ᶠ *retirer*	تيرا
ATM	ᶠ *guichet*	گيشّي
to write a check		كْتب شيْك
to sign	ᶠ *signer*	سينا
signature	ᶠ *signature*	سينْياتور

17 Post Office

post office		بوْسْطة
mail; letter		بْرا
airmail		بريد جوّي
envelope		جْوا
postcard	**F** *carte postale*	كارْط بوْصْطال
address	**F** *adresse*	عُنْوان / آدْريص
stamp		تانْبر (تْنابر)
to affix a stamp		لصّق تانْبر
to stamp (with a postmark)		طْبع
to send, mail		صيفْط
package, parcel		كولي (كوليّات)
mailbox		صُنْدوق بريد
counter, window		گيشّي
mail carrier	**F** *facteur*	فاكْتور

18 Books and Stationery

library, bookstore, stationery shop	مكْتبة
book	كْتاب (كْتوبة)
page	صفْحة
page number	رقْم الصّفْحة
reference book	مرْجِع (مراجِع)
novel	رِواية
story	قِصّة (قِصص)
fairy tale	حِكاية
prose	نثر
writer, author	كاتِب (كُتّاب)
poetry	شِعْر
poem	قصيدة
poet	شاعِر (شُعراء)
newspaper	جريدة (جرائد)
headline	عُنْوان (عناوين)
article	مقال (ماقالات)
column	عمود
to publish	نْشر
to print	طْبع

stationery store		مَكْتبة
stationery		أدوات مدْرسية
pen		سْتيلوْ (سْتيلُوّات)
pencil		قلم
eraser		كُومة
to erase		مْسح
(pair of) scissors		مْقصّ (مْقوصّة)
ink		مْداد
typewriter	ⓕ dactylo	داكْتيلوْ
paper		وَرقة
ruler		مِسْطرة (مْساطر)
(adhesive) tape	ⓕ scotch	سْكوْتْش
pin, pushpin; paperclip; staple		مسّاكة
stapler	ⓕ agrafeuse	كْرافّوز
to staple		كْرافا
to sharpen a pencil		نْجر القلم
to photocopy		طْبع دار فوْطوكوْپي
a photocopy		نُسْخة فوْطوكوْپي
photocopy machine	ⓕ photocopieuse	فوْطوكوْپيوز

19 Shopping

shopping (for clothes)	🇫 *shopping*	شْوِيِّنْكْ
to go shopping		مْشى يْتْقدّى
We went shopping downtown yesterday.		البارح مْشينا نْتْقدّاو من وُسْط المْدينة.
to buy		شْرى
to sell		باع
to pay for __		خلّص
I've already paid for the vegetables.	🇫 *déjà*	داجا خلّصْت الخُضْرة.
How much did you pay for that?		بشْحال شْريتي هاذيك؟
to pay in cash		خلّص كاش
to pay by credit card		خلّص بالكارْطة
change	*money back*	الصّرْف
You gave me too much change.		عْطيتيني الصّرْف زايْد.
receipt	🇫 *reçu*	روسّي
price; fee		ثمن (أثْمِنة)
to cost		كلّف
cheap		رْخيص (رْخاص)
expensive		غالي (غالين)
free, for free		فابور
bill		فاتورة
How much do I owe?		شْحال نعْطيك؟

advertisement, ad		إشْهار
discount, sale	ⒻⒻ solde	صولْد
40% off		صولْد ربْعين فْ المْية
coupon		قسيمة شِراء
bargain		همْزة
Wow! That's a real bargain!		واو! همْزة واعْرة!
to haggle over, bargain		تّاوَ / ساوَم
I'm not very good at haggling.		ماكنعْرفْش نتّاوَ.
fixed price	Ⓕ prix fixe	پْري فيكْس
shopping center	Ⓕ centre commercial	سونتْخ كُمِغْسْيال
(shopping) mall		مولْ
market, shopping area		سوق (أسْواق)
Let's go shopping this weekend.		يالّه نْديرو الشّويّينْك هاذ الويكانْد.
store, shop		محلّ
There are a lot of nice shops on this street.		كينين محلات زْوينين فْ هاذ الشّارِع.
supermarket	Ⓕ supermarché	سوپر مارْشيْ
cashier	Ⓕ caissier	كيْسْييْ
shop keeper		مول المحلّ
shop assistant		خدّام فْ المحلّ
customer		كْليّان
to serve a customer		عاوَن كْليّان

plastic bag	ميكّا
Would you like a bag for that?	بْغيتي ميكّا لْدكْشي؟
Would you like that in a bag?	نْدير لك دكْشي فْ ميكّا؟
to wrap	غلّف
to return (a purchased item)	رجّع
to exchange	بدّل
Can I exchange this for another color?	نقْدر نْبدّل هاذي بْلون آخُر؟
to get a refund	رجّع فْلوسو

20 Restaurant

restaurant	❶ restaurant	ريسْطورون مطْعم
fast food restaurant		فاسْت فود
waiter	❶ serveur	سِرڤور
waitress		سِرڤورة
bill	❶ addition	حْساب أدِسْيوْن
to pay the bill		خلّص الأدِسْيوْن
Waiter! Can I have the bill, please!	lit. Please, bring me the bill.	عافاك جيب ليّا الأدِسْيوْن!
cook, chef		شاف
tip	❶ pourboire	پورْبْوار
I never know how much to leave for a tip.		معمّرْني ماكنْعرف شْحال نْخلّي فپّورْبْوار.
service	❶ service	سيرڤِس
a table for two		طابْلة لْجوج

21 Recreation and Relaxation

to relax, rest	رْتاح
relaxation	راحة
to go for a walk	تْمشّى
Let's go for a walk in the park.	يالّاه نتْمشّاو فْ الپّارْك.
to fly a kite ❶ *cerf-volant*	طيّر سيرْڤْولون
felucca *river sailboat*	فْلوكة (فْلايْك)
day off	نْهار راحة
Today's my day off.	اليوم نْهار راحة عنْدي.
fun, enjoyable	مُمْتع
friend	صاحب (صْحاب)
to meet up with friends	تْلاقى مْع صْحابو
to go out with friends	خْرج مْع صْحابو
We hung out at the shopping mall yesterday evening.	البارح فْ العْشية ضرْنا فْ الموْل.
to read	قْرا
newspaper	جريدة (جرائْد)
I like to sit in a coffee shop and read the newspaper before I go to work.	كيعْجبني نْكْلس فْ القهْوة و نقْرا جريدة قْبل ما نمْشي الخدْمة.

magazine	مجلّة
book	كْتاب (كْتوبة)
novel	رِوايَة
comic book, graphic novel · **bande dessinée**	بونْد ديسينيْ
television	تلْفازة (تْلافزْ)
to watch TV	تْفرّج فْ التّلْفازة
TV show, TV program	برْنامج (برامج)
What's your favorite TV program?	شْنو أحْسن برْنامج عنْدك؟
What do you like to watch on TV?	شْنو كتبْغي تْفرّج فْ التّلْفازة؟
I like watching Moroccan dramas (soaps).	كنبْغي نتْفرّج فْ المُسلْسلات المغْرِبية.
comedy program	برْنامج ديْال الضّحْك
sports program	برْنامج ديْال الرّياضة
sporting event	حدث رِياضي (أحْداث رِياضية)
soccer match	ماتْش دْ الكورة
movie	فيلْم (أفْلام)
documentary	فيلْم وثائِقي
children's program	برْنامج ديْال الصّغار
cartoon	رُسوم مُتحرّكة
game show	برْنامج مُسابقات
reality TV show · **téléréalité**	تيْليْ رِياليتيْ

series	❶ série	مُسَلْسَل / سيرْي
sitcom		سيتْكوم
episode		حَلْقة
season	❶ saison	سيزْون
I haven't seen the second season of this show yet.		ماشفْتش السّيزْون الثّاني ف هاذ السّيرْي.
the news		الأخْبار
weather report		النّشْرة الجَوّية
talk show		بَرْنامج
Have you ever been on TV?		عمْرك بنْتي ف التّلْفازة؟
channel		قناة (قنوات)
What's on TV (now)?		شْنو كايْن ف التّلْفازة دابا؟
There's an interesting program on channel 3.		كايْن برْنامج زْوين ف القناة ثلاتة.
to turn the TV on		شعّل التّلْفازة
to turn the TV off		طْفى التّلْفازة
volume		صَوْت
to turn the volume up		زاد ف الصَّوْت
to turn the volume down		نْقص من الصَّوْت
I can't hear what they're saying. Could you turn the TV up a bit?		ماكنْسمعْش آش كيْكولو، واخّا تْزيد ف الصَّوْت شْوية؟
I'm trying to study. Could you turn the TV down a bit?		كنْحاول نْراجع. واخّا تنْقص من الصَّوْت شْوية؟

antenna	❶ antenne	أوْتيْن
satellite dish	❶ parabole	پاراپوْل
radio		راديْو
to listen to the radio		سْمع لْ الرّاديْو
radio station		إذاعة دْ الرّاديْو
stereo	home music system	سْتيْريْو
speakers		بافات
CD		سيْدي (سيديّات)
CD player	❶ lecteur CD	ليْكْتور سيْدي
cassette (tape)		كصيْطة
(vinyl) record		ديسْك
song, track		أغْنية
to play (a CD, song, etc.)		خدّم
to rewind, go back to (the previous track)		رْجع
to pause		پوْز
to stop, press 'stop'		حْبس
MP3 (file)	❶ MP3	إم پيْ طْخوا
to download an MP3		طيْليْشارْجا إم پيْ طْخوا
MP3 player		ليْكْتور إم پيْ طْخوا
earphones, headphones		إكوّتور ليزي كيت

to visit	زار
a visit	زيارة
to go on a visit	مْشا زار
to have guests over	عَنْدو ضْياف
to entertain guests	نشّط الضّياف
to sew	خيّط
sewing machine	مكينة الخْياطة
sewing needle	بْرا (بْراوات)
thread	خيْط (خْيوْط)
a ball of wool	كُبّة الصّوف
thimble	حلْقة الخْياطة
to knit	نْصوْب تْريكوْ
knitting needle	قُضْبان
to crochet	كنْخْدم كْروشي
to embroider	طْرز
to patch, darn	رقّع
art	فنّ (فُنون)
artist	فنّان
to draw, sketch, paint	رْسم
a painting	لوْحة
a drawing	رسْمة

photography	تصْويْر
photo(graph)	تصْويْرة (تْصاور)
to take a photo of	صوّر
Excuse me. Would you take a photo of us?	سْمحْليّا. واخّا تْصوّرْنا؟
to take a selfie	دار سيْلْفي
photographer	مُصوّر
camera	كاميْرا
to hunt	صيّد
hunting; fishing	صيْد
hunter	صيّاد
hunting dog	سْلوݣي
hunting rifle	بُنْدُقية صيْد
to go fishing	مْشا يْصيّد الحوت
fishing pole	ݣُصْبة
fishing tackle	أدَوات الصّيْد
hook	خطّاف
bait	طُعْم
cinema	سينيما
Let's go to the cinema this weekend.	يالّاه نمْشيو السّينيما هاذ الويكانْد.
movie ticket ⓕ ticket	تيكي دْ السّينيما

How much is a (movie) ticket?	بشْحال التّيكي دْ السّينِما؟
movie	فيلْم (أفْلام)
auditorium, movie theater, screening room	مسْرح (مسارِح)
to play, show (a movie)	خدّم
What's playing?	شْنو خدّام؟
A new movie is coming out on Friday. Want to go?	فيلْم جْديد غيْخْرُج هاذ الجمْعة. تمْشي؟
They're showing a classic movie this evening.	دايْرين فيلْم كْلاسيك هاذ العْشية.
seat	كُرْسي (كُراسة)
What are our seat numbers?	شْحال النُّوامر دْيال الكْراسة دْيالنا؟
screen 🇫 écran	إيكْرون
to sit close to the screen	كْلس قْريب لِلْإيكْرون
to sit in the middle	كْلس الوَسْط
I don't like to sit too close to the screen.	مكنْبْغيش نكْلس قْريب لِلْإيكْرون.
popcorn	پوپْكوزْن كُلْية
action movie	فيلْم أكْسيوْن
romantic comedy 🇫 comédie romantique	كوْميدي روْمونْتيك
drama	دْراما
horror movie	فيلْم رُعْب

119 | Moroccan Colloquial Arabic Vocabulary

thriller		ثْريلر
period piece		فيلْم تاريخي
science fiction (sci-fi)	ⓕ *science fiction*	سْيونْس فيكْسْيوْن
fantasy	ⓕ *fantaisie*	فونْطازي
What kind of movies do you like?		إينا نوْع دْيال الأفْلام كتْبْغي؟
I love action movies, but I can't stand romantic movies.		كيعجْبوني أفْلام أكْسْيون، و لكِن ماعنْديش مْع الأفْلام الرّومنْسية.
(movie) star		شْطار مُمثِّل كْبير

theater	ⓕ *scène*	مسْرح (مسارِح) سّان
on stage		فْلا سّان
aisle	ⓕ *couloir*	كولْوار
actor		مُمثِّل
to act		مثِّل
to play the role of __		لعب دوْر__ مثِّل دوْر__
intermission		پوْز
spectator		مُشاهِد
audience, crowd		جُمْهور (جماهير)
to applaud		صفِّق
applause		تصْفيق
circus		سيرك

acrobat	لاێرۏبيك
clown	كُلون
cigarette	ݣارّو
to smoke	كْمى تْكيّف
smoking	تدْخين
No smoking!	ممْنوع التّدْخين!
smoker	كمّاي مُدخّن
non-smoker *lit. he doesn't smoke*	ماكيكْميش
Do you smoke?	كتْكْمي؟
Would you like a cigarette?	بْغيتي ݣارّو؟
No, thank you. I don't smoke.	لا، شُكْرا. ماكنْكْميش
to quit smoking	مابْقاش كيكْمي قْطع الݣارّو
cigar	سيݣار
pipe	پيپّا
tobacco ❶ *tabac*	طابا
matches	وْقيدة (وْقيد)
lighter	بْريكة
to light a cigarette	شعّل ݣارّو
ashtray	طفّاية
cigarette butt	بينْتة

a pack of cigarettes	باكيْ دْ الݣارّو
shisha, hookah, water-pipe	شيشا
to smoke a shisha	شيّش
mouthpiece of shisha	راس دْ شّيشا
hose of shisha	تيّو دْ شّيشا
coal	الجْمر

22 Music

music	مُوسِيقى / مزّيكة
to listen to music	سْمع الموسيقى
song	أُغْنية (أغاني)
singer	مُغنّي
to sing	غنّى
singing	غْنا
I love singing, but I'm not very good at it.	عْزيز عْلِيّا نْغنّي، و لكِن صوْتي عِيّان.
Who's your favorite singer?	شْكون كْثر مُغنّي كيْعجْبك؟
band, group 🇫 *groupe*	كْروب
What kind of music do you like?	شْنو نوْع الموسيقى لّي كيْعجْبك؟
folk music, popular music	الشّعْبي
pop music *specifically Western-style pop music*	بوْب
rap	راپ
classical music 🇫 *musique classique*	موزيك كْلاسيك
rock music	روك
jazz	دْجاز
Arabic classical music	أغاني عرْبية قْديمة
musician	موسيقار
musical instrument	آلة موسيقية

to play (an instrument)	لْعب قصّر عْزف
Can you play any instruments?	واش كتْعْزْف عْلى شي آلة؟
I can play the guitar.	كنْلْعب الگِيطار.
guitar	گِيطار
piano	پْيانوْ
violin	كمانْجة
drum ❶ *batterie*	باتْري
flute ❶ *flute*	فْلوت
oud, lute	عود
mizmaar *wooden flute*	مِزْمار
guitar strings ❶ *cordes*	كوْرْد دْيال الگِيطار
piano keys ❶ *les touches*	لا توش دْيال پْيانوْ
to tune (a guitar, piano)	ساوى
in tune	مْساوي
out of tune	مامْساويش
orchestra	اورْكِسْترا
to dance	شْطح
a dance	شطْحة
dancer	رقّاص
ballet dancer	رقّاص باليْه
belly dancing	رقْص شرْقي

23 Games and Sports

toy, game	لُعْبة
doll, puppet	مونيكة
teddy bear	دبْدوب
to play a game	لْعب لُعْبة
dice	نرْد
to play billiards	لْعب بيّار
to play cards	لْعب كارْطة
turn	نوبة
Whose turn is it?	نوبة دْيال من؟
It's your turn.	نوبْتك.
chess	شطْرنْج
move	حركة
Check!	تْشاك!
Checkmate!	تْشاك مات!
(chess) piece *pièce*	پْياس
king	ملِك
queen	ملِكة
bishop	فيل / وَزير
knight	حِصان

rook	قلْعة
pawn	بيْدق

sport	سْپورْ
Do you like sports?	عنْدك مْع سْپورْ؟
I like watching sports, but I don't play any.	عْزيز عْليّا نتْفرّج فْ السْپورْ، و لكِن مانلْعبْش.
ball	كوْرة
soccer (UK: football)	كوْرة
goal	بيت
to score a goal	مارْكا بيت
soccer game (UK: football match)	ماتْش كوْرة
soccer field (UK: football pitch)	تيران دْ الكوْرة

(American) football	كوْرة القدم الأمْريكية
baseball	بيزْبوْل
basketball	باسْكيْط
basketball hoop	سلّة الباسْكيْط
boxing	بوكْس
golf	كوْلْف
golf ball	كوْرة الكوْلْف
golf club	كْلوب دْيال الكوْلْف
golf course	تيران دْيال الكوْلْف
hockey	هوكي

to ski, go skiing	دار السُّكي
tennis	تينيس
tennis ball	تِينِيسة
tennis court	تيران دْيال التِّينيس
tennis net	شبّكة التِّينيس
tennis racket	راكيْطة
volleyball	فوْلي
volleyball net	شبّكة الفوْلي
to kick (a ball)	شات
to hit	ضْرب
to throw	لاح
to catch	شدّ
to win (a game); to beat (a team)	رْبح
to lose (a game; to a team)	خْسر
Who won?	شْكون رْبح؟
player	لاعِب
team	فرْقة
to play against (a team, a player)	لْعب ضدّ
champion	بطل (أبْطال)
score	نتيجة
What's the score?	شْحال النّتيجة؟
The score is two to four.	النّتيجة رْبْعة لْجوج.

They're tied three to three.		تعادْلو تْلاتة لتْلاتة.
The match ended in a draw (tie).		الماتْش سالا بْالتّعادل.
fitness		فيتْناس
exercise, workout	ⓕ entrainement	أونْترينْمون
to exercise, work out		تْرينا
How often do you exercise?		شْحال كتْريني؟
I try to exercise at least twice a week.		كنْحاول نتْريني عالأقلّ جوج مرّات فْ السّيمانة.
I had a really good workout at the gym this morning.		تْرينيت مزيان هاذ الصّباح فْ لاصال.
gym, health club	ⓕ la salle	لاصال
to go to the gym		مْشا لْ لاصال
I go to the gym every morning.		كنْمشي لْ لاصال كُلّ صْباح.
to join a gym, become a member of a gym		دار أبونْمون فْلاصال
member	ⓕ membre	مومْبْغ
membership	ⓕ abonnement	أبونْمون
How much is a monthly membership at this gym?		شْحال الأبونمون لْشْهر فْ هاذ لاصال؟
Is there a contract?		كينا كونْترا؟
personal trainer	ⓕ entraineur personnel	أونْترينور بيرْصُنيْل
I'd like to hire a personal trainer.		نبْغي أونْترينور بيرْصُنيْل.
training session	ⓕ séance d'entrainement	سيونْص دونْتخينْمون
How much does it cost per training session?		بْشْحال سِيونْص دونْتخينْمون؟

My goal is to gain muscle.	❶ muscle	روسّبْغيت نْزيد شْوية فْ الموسْكل.
to gain weight		زاد فْ الوَزْن
I feel like I've gained a bit of weight.		كنْحسّ بْراسي زدْت شْوية فْ الوَزْن.
to lose weight		نْقص من الوَزْن
I want to lose weight.		بْغيت نْضْعاف
I need to lose five kilos.		خاصْني نْطيّح خمْسة كيلو.
to go on a diet		دار رِجيم
I'm on a diet.		آنا دايْر رِجيم.
locker room, changing room	❶ vestiaire	فيسْتيار
locker		خِزانة
to change one's clothes		بدّل حْوايْجو
gym clothes, workout clothes		حْويج سْپوْر
a barbell		بارّة
a dumbbell	❶ haltère	ألْطير
free weights	❶ poids libres	پوا ليبْر
to lift weights		هزّ الحْديد
weight machine	❶ machine ❶ musculation	ماشين دْ الميسْكِلاسْيوْن
to adjust the weight		قاد الثْقُل
Adjust the weight before you get on the machine.	❶ la machine	قاد الثْقُل قْبل ما تخدم بْلاماشين.

Excuse me, how do you use this machine?		سْمح لِيّا، كيفاش كتخْدم بْ هاذ الماشين؟
to do cardio exercise		دار كارْدِيوْ
to burn calories	ⓕ les calories	حْرق لاكالوْري
running machine, treadmill	ⓕ tapis	طاپّي
elliptical trainer		ألِيْپْتيك
stationary bicycle	ⓕ vélo	الڤالوْ
to run; to jog, go jogging		جْرى
I usually spend 20 minutes on the running machine.		الأغْلبية كنْدير عِشْرين دْقيقة فْ الطّاپّي.
exercise		إكْزيغْسيس
to do sit-ups, work one's abs	ⓕ les abdos	خْدم لا زابْدوْ
to do pull-ups		دار البار فيكْس
to do push-ups		دار تراكْسْيوْن
a set	ⓕ série	سيرْي
reps	Usually, just a number is used, as in the example below.	مرّات
Do three sets of ten reps each.		دير ثْلاثة سيرِيّات دْيال عشْرة.
Rest for one minute between sets.		سْتراح دْقيقة مابيْن كُلّ سيرْي.
to do aerobics		دار لايْروْبيك
to do yoga		دار يوْغا
to push		دْفع
to pull		جرّ
to lift		هزّ

to lower	هبّط
Lift the barbell over your head, then slowly lower it back down.	هزّ لابار فوْق راسك، عاد هبّطْها بْشوية.
to breathe in	طلّع النّفْس
to breathe out	خرّج النّفْس
Don't forget to breathe!	ماتنْساش تنْفّس
a jump rope	حْبل
to jump rope	نقّز بالحْبل
scale	ميزان
to weigh oneself	عْبر راسو

24 Travel and Vacations

travel, traveling	سفر
to travel, go on a journey	سافر
vacation	عُطْلة
to take a vacation	خْدا عُطْلة
a trip	رِحْلة
tourism	سِياحة
tourist ⒡ *touriste*	توريسْت
to go on a tour	مْشا يْدورْ
tour guide ⒡ *guide*	گيد
tourist police	شُرْطة السِّياحة
at the seaside	عْلى البْحر
seaside resort	أوتيل عْلى البْحر
at the beach	فْ البْحر
on the coast ⒡ *la côte*	فْ لاكوط
beach	بْحر
I just got back from the beach.	يالّاه رجعْت من البْحر.
sand	رمْلة
to build a sandcastle	بْنى قْصر بْالرّمْلة
sun umbrella, beach umbrella ⒡ *parasol*	پاراسولْ
to sunburn	تحْرق بْالشّمْش

I'm so sunburned! It hurts!	تْحْرقْت بْالشّمْش، مْوعّت.
to put on sunblock **ⓕ** écran	دار آكْرون
to tan; to sunbathe	تّبْرونْزا
tanned	مبْرونْزي
to go into the water	هْبط لِلْما
wave	موجة
to swim	عام
swimming	عومان
swimming pool **ⓕ** piscine	پيسين
Do you know how to swim?	كتْعْرف تْعوم؟
I can swim pretty well.	كنْعوم مزْيان.
I don't know how to swim.	ماكنْعْرفْش نْعوم.
to dive, go scuba diving	غْطس
to snorkel	دار پْلونْجيْ
to go camping	خيّم
camp	مُخيّم
tent	خيْمة
to go hiking, trek	دار تْريپ
suitcase **ⓕ** valise	باليزة ڤاليزة
to pack one's suitcase	جْمع باليزْتو
to unpack one's suitcase	خْوا باليزْتو

passport	ⒻU+00A0passeport	پاصْپّور
to get a passport		دار پاصْپّور
passport photo		تصويْرة پاصْپّور
to issue a visa		عْطا ڤيزا
visa		ڤيزا
tourist visa		ڤيزا توريسْت
residence permit		إقامة
work permit		شهادة عمل
valid		صالح
to expire		سالا
abroad		برّا
to travel abroad		سافر برّا
Have you ever been abroad?		عمْرك سافرْتي برّا؟
border		حُدود
customs		ديوانة
customs officer		ديواني
to declare		صرّح
to smuggle		هرّب
exchange office	Ⓕ bureau de change	بيرو دو شونْج
to change money		بدّل الفْلوس
I'd like to change $100 to Moroccan dirham, please.		عافاك، بْغيت نْبدّل مْية دوْلار للدّرْهم المغْرِبي.
exchange rate	Ⓕ taux de change	طوْ دو شونْج

ticket	🇫 billet	بِييّ
to buy a ticket		شْرا بِييّ
airplane		طَيّارة
flight	🇫 vol	فُول
to fly		طار
to book a seat		رِزيْرْڤا بْلاصة
I'd like to book a seat on the next available flight.		بْغيت نْرزيْرْڤي بْلاصة فْأَقْرب رِحْلة.
first class	🇫 première classe	پْرومْييْر كْلاص
I've never flown first class before.		عمّرْني ما سافرْت پْرومْييْر كْلاص.
business class		بيزْنس كْلاص
economy class, coach	🇫 classe économique	كْلاص إكونوميك
airfare		ثمن البِييّ ثمن التّذْكِرة
The airfare was reasonable.		ثمن البِييّ كان مزْيان.
airport		مطار
to check in		تْشيْك إين
aisle seat		كُرْسي حْدا الممرّ
window seat		كُرْسي حْدا الشّرْجم
I prefer an aisle seat.		نْبْغي نْريّح حْدا الممرّ.
gate		بوّابة

to board	طْلع
to be delayed	تْأخّر
Your flight has been delayed by two hours.	الفُول دْيالك تْأخُّرات بْساعْتين.
to be canceled	تْلْغى
to take off	تْحرّك
Our flight leaves in half an hour from gate 5.	الطيّارة دْيالْنا غتمْشي من هْنا لْنُصّ ساعة من البوّابة خمْسة.
to land	هْبط
pilot	پيلوْط
flight attendant	مُضيف
to transfer, change planes	إيسْكال
I had a 3-hour layover in Dubai.	درْت إيسْكال تْلاثة السّوايْع فْدُبي.

train		تْران
		قِطار
to take the train		رْكب فْ التْران
first class	🅕 *première classe*	پْرومْيير كْلاس
second class	🅕 *deuxième classe*	دوزْييْم كْلاس
third class	🅕 *troisième classe*	طخْوازْيام كْلاس
train station		محطّة القِطار
one-way ticket	🅕 *ticket aller*	تيكي آلي صافي
round-trip ticket	🅕 *ticket aller-retour*	تيكي آلي روتور
waiting room	🅕 *salle d'attente*	صال داطّونْت

platform		پْلاتْفوْرم
track, rails		سكّة
railway, railroad		سكّة التْران
to arrive		وْصل
arrival		وُصول
to depart		مْشى
departure	🇫 départ	ديپّار
compartment	🇫 compartiment	كومْپّارْتِمون
(train) car		قاطِرة فاݣون
express		تران سريع
non-express train		تران عادي
to change trains		بدّل التْران
bus		كار
to take the bus		خْدا الكار
I took a bus from Casablanca to Rabat.		خْديت الكار من كازا للرْباط.
air-conditioned	🇫 climatiseur	كليماتيزور مُكيَّف
comfortable		مرْتاح
uncomfortable, tiring		مامرْتاحْش
bus station	🇫 la gare	لاݣار
to hitchhike	🇫 autostop	دار أوْطوْسْطوْپ

hitchhiking		أُوطُوسْطوپ
hitchhiker		اللّي كيْدير أُوطُوسْطوپ
Hitchhiking is dangerous.		أُوطّوسْطوپ خطر.
hotel		أُوطيْل
reservation	ⓕ réservation	ريْزيْرڤاسْيوْن
I have a reservation.		عنْدي ريْزيْرڤاسْيوْن.
to reserve, book		ريْزيْرڤا
room		بيت (بْيوت)
I want to book a room.		بْغيت نْريْزيْرڤي بيت.
a single room		بيت لْواحد
a double room		بيت لْجوج
a twin room		بيت دوبل
How much is it per night?		بْشْحال اللّيْلة؟
I'd like to stay for three nights.		باغي نكْلس ثْلاثة اللّيلات.
to check in		دار تْشيْك إين
to check out		دار تْشيْك أوْت
What time is checkout?		مْعاش التْشيْك أوْت؟
lobby		مْرح
porter		بوّاب

25 Government and Politics

government	حُكومة
to govern, rule over	حْكَم
cabinet	مجْلِس الوُزراء
ministry, department	وِزارة
minister, secretary	وزير (وُزارة)
prime minister	رئيس الوُزراء
parliament	برْلمان
member of parliament, MP	عُضْو فْ البرْلمان
president	رئيس (رُؤساء)
vice president	نائِب الرّئيس
republic	جُمْهورية
kingdom	ممْلكة
The Kingdom of Morocco	المَمْلكة المغْرِبية
monarchy, royalty	ملكية
king	ملِك (مُلوك)
queen	ملِكة
prince	أمير (أمراء)
princess	أميرة
emperor	إمْبْراطوْر
empress	إمْبْراطوْرة

empire	إمْبْراطوْرية
people, nation	شعْب (شُعوب)
citizen	مُواطِن (مُواطِنين)
to vote	صوّت
voter	ناخِب
majority	أغْلبية
minority	أقلية
(political) party	حِزْب (أحْزاب)
to nominate	رشّح
nomination	ترشُّح
elections	نْتِخابات
to elect	نْتخب
He was elected president.	انْتخْبوه رئيس.
presidential term	فترْة الرّئاسة
In the US, a president can serve a maximum of two terms.	فْ ميريكان، الرّئيس ميْفوتْش جوج فترْات رِئاسية.
democracy	دِمقْراطية
democratic	دِمقْراطي
constitution	دُسْتور (دساتير)
reform	إصْلاح
dictator	دِكْتاتور
dictatorship	دِكْتاتورية

capital, capital city	عاصِمة (عواصِم)
Rabat is the capital of Morocco.	الرِّباط هِيَّ عاصِمة المغْرِب.
province	مُحافظة
state	وِلاية
politics	سِياسة
political; politician	سِياسي
summit	قِمّة
demonstration, protest	مُظاهرة
march	مسيرة
to demonstrate, protest	تظاهر
demonstrator, protester	مُتظاهِر
revolution	ثَوْرة
society	مُجْتمع
social	إِجْتِماعي
free	حُر (أحْرار)
freedom	حُرية

26 Crime and Justice

crime	جريمة (جرائم)
criminal	مُجْرِم
to commit a crime	رْتكب جريمة
to break the law	خْرق القانون
	ماحْترمْش القانون
theft	سرِقة
	الشَّفْرة
to steal, rob	شْفر
thief	شُفَّار
to break into a house	قْتحم دار
rape	غْتِصاب
to rape	غْتصب
murder	قْتل
to murder, kill	قْتل
murderer	قتَّال
assault	اِعْتِداء
to assault, attack	تْعدَّى عْلى
vandalism	تخْريب
to vandalize	خرَّب
to pickpocket	زْرم
a pickpocket	زرَّام

to arrest	شدّ
to be arrested	تْشدّ
to interrogate	سْتجْوَب
court	محْكمة
justice	عدْل
	عدالة
judge	قاضي (قُضاة)
lawyer	مُحامي (مُحاميّين)
prosecutor	المُدّعي العام
law	قانون (قوانين)
legal	قانوني
illegal	مْشي قانوني
I think that's illegal.	كنْظُن هادْشي مْشي قانوني.
judgment, sentence	حُكْم (أحْكام)
to convict	حْكم
punishment	عُقوبة
to sentence __ to	حْكم عْلى __ بْ
The judge sentenced him to five years in prison.	القاضي حْكم عْليه بْخمْس سْنين دْالحبْس.
prison	حبْس (حْبوسة)
to be sentenced	تحْكم عْليه
He was sentenced to life in prison.	تحْكم عْليه مُؤبّد

in prison, imprisoned	مشْدود
prisoner	خْبايْسي
to escape from prison	هْرب من الحبْس
death sentence, capital punishment	إعْدام
I don't believe in the death penalty.	ماكن آمنْش بْالإعْدام
to accuse __ of	تّهم __ بْـ
He was accused of murdering his wife.	تّهْموه بلّي قْتل مرْتو
accused of	متّهم بْـ
charge, accusation	تُهْمة (تُهم)
defense	دِفاع
to be hanged	تشْنق

27 Money

money	فْلوس
currency	عُمْلة
dollar	دوْلار
euro	أورْو
pound sterling	پاوْنْد

Moroccan dirham		الدِّرْهم المغْرِبي
dirham	The dirham has been the official currency of Morocco since the 1960s.	درْهم (دْراهم)
10 dirham		عشْرة الدّراهم
100 dirham		مْية دّرْهم
rial	The rial was the official currency of Morocco until 1921, when it was replaced by francs/centimes. It is still used in everyday language, converting as 20 rial to the dirham. For example, instead of 5,000 dirham, one might say 100,000 rial.	زْيال
2 rial	While 'centime' is the official subdivision of the dirham (100 centimes = 1 dirham), Moroccans tend to call the 10-centime coin '2 rial.'	جوج دزْيال
4 rial	Common reference for a 20-centime coin.	رِبْعة دزْيال
franc	'Franc' was officially changed to 'centime' in 1974, but Moroccans continue to say franc in daily speech. Many older Moroccans prefer to count in francs rather than dirham. For example, instead of 10 dirham, one might say 1000 francs.	فْرنْك

coin	شقْفة
bill	وَرْقة (وْراق)
a 20-dirham bill = 400 rial	عِشْرين درْهم = رْبعْمْية دْرْيال
a 100-dirham bill = 2,000 rial	مْية درْهم = ألْفيْن رْيال
change *smaller bills and coins*	صرْف
to break a bill, make change	صرْف
Could you break this bill, please?	عافاك، تقْدر تْصرّف لِيّا هاذي؟
tax	ضريْبة (ضرائِب)
to tax	فْرض ضريبة عْلى
to pay taxes	خلّص الضّرائِب
to evade taxes	تْهرّب من الضّرائِب
VAT, sales tax	TVA
income	مدْخول
expenses	مصاريف
funds	أمْوال
financial, fiscal, monetary	مالي
rich	غني (أغْنِياء)
wealth	ثرْوَة
poor	فقيْر (فُقارى)
poverty	فقْر

upper class	الطّبقة الغنية
middle class	الطّبقة الوُسْطى الطّبقة المتُوسّطة
working class	الطّبقة العامِلة

28 Business and Commerce

commerce, trade; business	تِجارة
commercial	تِجاري
merchant	بيّاع (بيّاعة)
store, shop	حانوت (حْوانت)

businessman; entrepreneur		رجُل أعْمال
businesswoman	🇫 *femme d'affaires*	فام داڨّيْر
to start one's own business		دار مشْروع دْيالو

company		شريكة
to go on a business trip		سافر مْع الخدْمة
committee		لجْنة
board, council		مجْلِس (مجالِس)
chair, chairman		رئيس (رؤْساء)
administration		إدارة
to meet		تْلاقى بْـ
meeting		اِجْتِماع
appointment	🇫 *rendez-vous*	رونْديْڤو
to cancel	🇫 *annuler*	لْغى / أنيلا
to postpone		أجّل

conference		مُؤْتمر
seminar	ⓕ séminaire	سيمينار
proposal		عرْض (عُروض)
office		بيرو (بيرُوّات)
head office, head quarters	ⓕ siège	سْييج / مقرّ رئيسي
factory		معْمل (مْعامل)
to manufacture		صْنع
industry		صِناعة

29 Agriculture

agriculture		فِلاحة
farm	🇫 ferme	فيرْما
farmer		فلّاح (فلّاحة)

barn, pen, corral, coop	for goats, sheep, etc.	زْريبة
cattle corral, barn	for cows, etc.	كوري
cattle		كْسيبة
cow	Notice that ق is pronounced ڭ in this word.	بڭرة (بْقر)
to milk		حْلب
donkey		حْمار (حْمير)
goat		معْزة (ماعز)
The farmer is out feeding his goats.		الفلّاح خارج يْوكّل فْ الماعز.
mule		بْغل (بْغال)
pig		حلّوف (حْلالف)
sheep		حَوْلي (حْوالى)
shepherd		راعي الغْنم

chicken, hen	دْجاجة (دْجاج)
rooster (UK: cock)	فرّوج (فُرارج)
chick	فلّوس (فْلالس)
to lay an egg	بيّض بَيْضة

duck	بطّة (بطّ)
goose	وُزّة (وُزّ)
turkey	بيبي
camel	جْمل (جْمال)
horse	عَوْد (عَوْدان)
stable	زْريبة
to graze	رْعى
hay	تْبن
field	أرْض (أراضي)
to plow	حْرث
tractor	تْراكْتور
orchard	بُسْتان (بساتين)
to plant	زْرع
to irrigate	سْقى
harvest	حْصاد
to harvest	حْصد
wheat	قمح / كْمح
corn	ذْرة / كْبال
grain, cereals	حْبوب

30 Military

war	حرْب
peace	سِلْم
to declare war on	عْلن الحرْب عْلى
to be at war with	كان فْحرْب ضدّ
military	عسْكر
army	جيش
air force	قوّات جوّية
navy	قوّات بحْرية
soldier	عسْكري جُنْدي
sailor	بحّار (بحّارة)
to recruit, enlist	جنّد
battle	معْركة
attack	هُجوم
to attack	هاجم
to defend	دافع
defense	دِفاع
bomb	قُنْبُلة (قْنابل)
grenade	گْرانادا
to explode	تْفرْكْع
explosion	اِنْفِجار

mine	لُغْم (ألْغام)
missile	صاروخ (صْوارخ)
tank	دبّابة
to occupy	خْتلّ
occupation	إحْتِلال
to liberate	حرّر
liberation	تخْرير

31 The Mind

mind	العْقل
intelligence	الذّاكا
consciousness	وعْي
to think about	فكّر فْ
What are you thinking about?	فاش كتْفكّر؟
to remember	تْفكّر
Do you remember me?	عْقلْتي عْليّا؟
to remind __ about	فكّر __ فْ
Remind me to set my alarm.	فكّرني نْعمّر لالارْم.
to plan on	بْلانا لْ
plan	بْلان
to forget	نْسى
forgetful	نسّاي
memory 🇫 *souvenir*	ذِكْرى (ذِكْريات) سوڤونير
to believe	تيّق
I don't believe that!	مامْتيّقْش!
to understand	فْهم
understanding	فهْم
to decide	قرّر
decision	قرار

to know	عْرف
knowledge	معْرِفة
to imagine	تْخيّل
imagination	خَيال
to guess	قلّع
How did you guess?	كيفاش قلّعْتي؟
guess	فْتِراض
to predict, expect	تْوقّع
prediction	تَوقُّع
crazy, insane	مْسطّي
intelligent, clever	ذْكي (أذْكِية)
intelligence	الذّاكا
stupid	مْكلّخ
stupidity, idiocy	كالاخ

32 Feelings

feeling, emotion	إحْساس
to feel	حسّ
to feel good	مرْتاح
to feel bad	مامرْتاحْش
How do you feel?	باش كتْحسّ؟
to laugh	ضْحك
laughter	ضحْكة
to cry	بْكى
to smile	بْتسم
to frown	غوبش
happy	فرْحان
I'm really happy about the news.	آنا فرْحان بزّاف بْ هاذ الخْبار.
sad	حْزين
upset	مْنرقّز / مْعصّب
angry with __ about	مْعصّب من __ عْلى
to annoy	برْزط
annoyed by, fed up with	مْبرْزط من
I'm really annoyed at myself for that.	مْبرْزط من راسي عْلى هادْشي.
annoying	مُبرْزيط
to surprise	دار سورْپْريز

	فاجِئْ
That really surprises me.	تْفاجِئْت بزّاف.
surprising	مُفاجِئ
to be surprised	تْفاجِئ
surprised	متْفاجِئ
excited about	متْحمّس لْـ
exciting	مُشوّق
tired	عيّان
tiring	مُتْعِب
to fear, be afraid of	خاف من
fear	خوْف
proud of	فخور بْـ
embarrassed by	حشْمان من
thankful, grateful	ممْنون

33 Personality

personality		شخْصية
modest		مُتواضِع
shy		حشْمان
friendly	ⓕ amical	أميكال
sociable	ⓕ sociable	صوْصْيابْل
cruel, harsh		خيْب
kind		ظْريّف
generous		كْريم
greedy		طمّاع
hard-working, diligent		مُجتهِد / كيْخْدم
lazy		معكّاز
serious		جِدّي
funny, jovial, likeable		محْبوب
nice, pleasant, sweet		ظْريّف
jovial, merry, lively		ناشط
strange		فشْكل
jealous, envious		مغْيار

34 Likes and Dislikes

to like, love	بْغا حبّ
I like traveling and learning foreign languages.	عْزيز عْليّا نْسافر و نتْعلّم لُغات جْداد.
to enjoy	سْتمْتع
to hate	كْره
I hate getting up early.	نكْره الفْياق بكْري.
interested in	مهْتم بْـ
I'm not interested in politics.	مامهْتمْش بالسِّياسة.
hobby	هِواية
What are your hobbies?	شْنو هِواياتك؟
to praise	شْكر مْدح
praise	شُكر مْدح
to criticize	نْتقد
criticism	نقْد
to complain about	تْشكّى
complaint	شِكاية
to admire, like	مُعْجب بْـ
I love this color.	كيْعْجبْني هاذ اللّون.

to prefer __ to	فضّل __ عْلى
I prefer the train to the bus.	نْفضّل الترْان عْلى الكار.

35 Opinions and Agreement

to get along with	تْفاهم مْع
They don't get along (with each other) very well.	ما كيْتْفاهمْوش مْع بعْضيّاتْهُم مزْيان.
to argue about	تْناقش فْ
They're always arguing about politics.	ديما مْناقْشين فْ السِّياسة.
to have a discussion	تْحاور مْع
agreement	تُّفاق
to agree with	تّفق مْع
to disagree with	ما اتّفقْش مْع
certain, sure	متْأكّد
okay	واخّا / أوْكي
opinion	رأْي (آراء)
What do you think about __?	شْنو رأْيك فْ __؟
I think ...	كنْظُنّ...
in my opinion	من رأْيي / فْ نظري

36 Desires and Intentions

desire	رغْبة
	شهْوَة
to desire	تشهّى
intention	نية
to want	بْغا
I want to …	بْغيت…
I don't want to eat anything.	ما بْغيت ناكُل والو.
I want a car.	بْغيت طُنوْبيل.
I wish I had a car.	ما كرهْتْش كون كانت عنْدي طُنوْبيل.
to wish, hope	تمنّى
I hope that…	كنتْمنّى…
	ما كُرهْتْش…
I hope to see you again.	ما كُرهْتْش نْشوفك عوْتّاني.
I hope nothing happened to him.	عالله ميْكون طْرا ليه والو.
I wish…	ما كُرهْتْش…
I wish I were in Morocco.	ما كُرهْتْش كون كنْت فْ المغْرِب.

37 Religion

religion		دين (أَدْيان)
religious	(concerning religion)	ديني
faith, belief		إيمان
secular		عِلْماني
to believe in		آمن بـ
Do you believe in God?		كت آمن بْالله؟
religious	(person)	مْتْديّن
He's a very religious man.		هوّ مْتْديّن بزّاف.
ceremony		مراسِم
to pray		دْعى
prayer		دُعاء
She prayed to God that her son would be alright.		دْعات الله باش وُلْدْها يْكون بِخير.
soul		روح (أَرْواح)
Heaven, Paradise		جنّة
a god		إله (آلِهة)
a goddess		آلِهة
God, Allah		الله
prophet		نبيْ (أَنْبِياء)
messenger		رسول (رُسُل)
angel		ملاك (ملائِكة)
jinn, genie		جنّ (جْنون)

Hell	جهنّم
devil, demon	شيْطان
the Devil, Satan	إبْليس
sin	ذنْب (ذُنوب)
to sin	رْتكب ذنْب
evil, badness	شرّ
evil, bad	شِرّير (أشْرار)
superstition	خُرافة
superstitious	كيآمن بْالخُرافات
good luck	زْهر
bad luck	زْهر خيْب
pagan	وثني
paganism	وثنية
Islam	إسْلام
Muslim	مُسْلِم
Islamic	إسْلامي
The Prophet Muhammad (peace be upon him)	الرّسول مُحمّد صلّى الله عليْه و سلّم
Christianity	المسيحية
Christian	مسيحي
Christ	المسيح
Jesus (peace be upon him)	عيسى (عليْه السّلام)

Judaism	اليهودية
Jew, Jewish	يْهودي
Buddhism	البوذية
Buddhist	بوذي
Buddha	بوذا
Hinduism	الهِنْدوسية
Hindu	هِنْدوسي
atheism	إلْحاد
atheist	مُلْحِد
mosque	جامع (جْوامع)
masjid	مسْجد (مساجِد)
Friday prayer	صلاة الجُمْعة
imam	إمام (أئِمّة)
Friday sermon	خُطْبة الجُمْعة
to preach	خْطب / وْعظ
call to prayer	آذان
to call to prayer	أذّن
ablution (*ceremonial washing before praying*)	لْوضو / وُضوء
to perform ritual ablutions	تْوضّى
to perform prayer	صلّى
prayer	صْلا

dawn prayer		صلاة الفجْر
Duha prayer	voluntary morning prayer	صلاة الصُّبْح
noon prayer		صلاة الظُّهْر
afternoon prayer		صلاة العصر
sunset prayer		صلاة المغْرِب
evening prayer		صلاة العْشا
Eid prayers		صلاة العيد
Quran		قُرآن
to recite the Quran		قْرا القُرآن
sura	chapter of Quran	سورة (سُوَر)
verse		آية
Hadith		حديث (أحاديث)
Sunnah		سُنّة
church		كنيسة
church service	🇫🇷 service de l'église	سِرڥيس دو ليݣليز
minister, pastor		كاهِن (كهنة)
priest		كاهِن (كهنة)
nun		راهِبة
pope		البابا
to preach about		خْطب
sermon		خُطْبة
pulpit		مِنبر

altar	مَذْبَح
choir	كوغال
Bible; the New Testament	الإنْجيل
evangelical	إنْجيلي
to baptize	عمَّد
baptism	تَعْميد

38 Language

language		لُغة
foreign language		لُغة أَجْنبية
(foreign) accent	🇫 accent	لكْنة / أكْسون
native language		لُغة أَصْلية
Chinese		شينْوية
Dutch		هولنْدية
English	🇫 l'anglais	لونْگْلي
Farsi		فارِسية
French		فرنْسية
German		ألْمانية
Greek		يونانية
Hebrew		عِبْرية
Hindi		هِنْدية
Italian		طلْيانية
Japanese		جِپّونية
Korean		كورية
Portuguese		بُرْتُغالية
Russian		روسية
Spanish		اسْبلْيونية
Turkish		تُركية

Arabic	عرْبية
Modern Standard Arabic; Classical Arabic	عربية فُصْحى
dialect	لهْجة
colloquial language	الدّارِجة
Moroccan Arabic	اللّهْجة المغْرِبية
Tunisian Arabic	اللّهْجة التّونْسية
Egyptian Arabic	الدّارِجة المِصْرية
Levantine Arabic	اللّهْجة الشّامية
Gulf Arabic	اللّهْجة الخليجية
to learn	تْعلّم
practice, exercise	تمْرين (تمارين)
to practice	تْرينا / تْدرّب
level	مُسْتَوى (مُسْتويات)
beginner's 🇫 débutant	مبْتدِئ / ديبوتون
intermediate	مُتَوسّط
advanced	متْقدّم
writing	كْتابة
to write	كْتب
reading	قْرايَة
to read	قْرا

alphabet	الحُروف
letter	حرْف
Chinese characters	الحُروف الصّينية
to spell	تْهجّى
spelling	نُطْق
How do you spell that?	كيفاش كتكْتب هاذ الكلْمة؟
handwriting, penmanship	خطّ
I have such bad penmanship.	خطّي خيْب
legible	كيْتّقْرا
illegible	ماكيْتّقْراش
His handwriting is completely illegible.	خطّو ماكيْتّقْراش گاع.
calligraphy	فنّ الخطّ

speaking, speech	هضْرة
	كْلام
I need to practice speaking more.	خاصْني نتْدرّب عْلى الهضْرة كْثر.
You can't understand anything he says.	هضرْتو مامفْهوماش.
to speak	هْضر
Can you speak Arabic?	كتْهْضر بالعرْبية؟
I know a few words.	كنْعْرف شي كلْمات.
I know some basic Arabic.	كنْعْرف حاجات بْسيطة فْ العرْبية.
I can speak a little Arabic.	كنهْضر شْوية بالعرْبية.
I can get by in Arabic.	نْقدر نْعدّي بالعرْبية شْوية.

I speak Arabic pretty well.	كنْهْضر بْالعرْبية مزْيان.
broken Arabic	عرْبية مُعكّلة
fluently	بْطلاقة
I speak Arabic fluently.	كنْهْضر العرْبية بْطلاقة.
pronunciation	نُطْق
How do you pronounce this word?	كيفاش كتنْطق هاذ الكلْمة؟
to pronounce	نْطق
Your Arabic pronunciation is quite good.	النُّطْق دْيالك بالعرْبية مزْيان.
listening	السّمْع
I need to work on my listening skills in Arabic.	خاصْني نخْدم عْلى السّمْع دْيالي فْ العرْبية.
to listen to	سْمع
vocabulary ❶ vocabulaire	فُوكابوليرْ
word	كلْمة
dictionary ❶ dictionnaire	ديكْسْيوْنيرْ / قاموس
to look up a word in the dictionary	قلّب عْلى كلْمة فْ الدّيكْسْيوْنيرْ
flashcard	تصاوَر
to repeat	عاوَد
repetition	تِكرار / تْعاويد

grammar	نَحْو
grammatical	نَحْوي
grammatical rule	قاعِدة نَحْوية
to inflect, conjugate, decline	صَرَّف
inflection, conjugation, declension	تَصْريف
case	حالة
tense	زَمن (أَزْمِنة)
gender	جِنْس (أَجْناس)
singular	مُفْرد
dual	مُثَنَّى
plural	جَمْع
masculine	مُذَكَّر
feminine	مُؤَنَّث
neuter	مُحايِد
the present tense	زَمن المُضارِع
the past tense	زَمن الماضي
the future tense	زَمن المُسْتَقْبل
article	أداة تَعْريف
preposition	حَرْفُ جر
noun	إسْم (أَسْماء)
verb	فِعْل (أَفْعال)
adjective	صِفة
adverb	ظَرْف (ظُروف)

subject	فاعِل
object	مفْعول بِه
definite	مُعرَّف
indefinite	غيْر مُعرَّف
word order	ترتيب الكلِمات
sentence	جُمْلة (جُمل)
paragraph	فقْرة
vowel	حرْف مُتحرِّك
consonant	حرْف ساكِن
syllable	مقْطع لفْظي
punctuation	ترْقيم
punctuation mark	علامة ترْقيم
period	نُقْطة (نُقط)
comma	فاصِلة
exclamation mark	علامة تعجُّب
question mark	علامة سْتِفْهام
quotation mark 🇫 *les guillemets*	لاݣْيومي
colon	نُقْطتيْن
parenthesis, bracket	قوْس (أقْواس)
(a pair of) parentheses	قوْسيْن

39 Countries and Nationalities

country, nation	بْلاد (بُلْدان)
What countries have you been to?	إينا بُلْدان مْشيتي ليهُم؟
international	دَوْلي
worldwide	عالمي
culture	ثقافة
foreign; foreigner	كاوْري (كُور) / أجْنبي (أجانِب)
nationality, citizenship	جِنْسية
Where are you from?	مْنين نْتا؟
I'm from Morocco.	آنا من المغْرِب.
I'm Moroccan.	آنا مغْرِبي.
Arab	عرْبي (عُرب)
The Arab World	العالم العربي
Egypt	مِصْر
Egyptian	مِصْري
Sudan	سودان
Sudanese	سوداني
Libya	ليبيا
Libyan	ليبي
Tunisia	تونس
Tunisian	تونْسي

Algeria	دْزايْر
Algerian	دْزايْري
Morocco	مغْرِب
Moroccan	مغْرِبي
Palestine	فِلسْطين
Palestinian	فِلسْطيني
Jordan	أُرْدن
Jordanian	أُرْدني
Lebanon	لُبْنان
Lebanese	لُبْناني
Syria	سورْيا
Syrian	سوري
Iraq	عِراق
Iraqi	عِراقي
Kuwait	كْويت
Kuwaiti	كْويتي
Qatar	قطر
Qatari	قطري
Bahrain	بحْرينْ
Bahraini	بحْريْني
The Emirates	إمارات
Emirati	إماراتي
Saudi Arabia	سَعودية
Saudi	سَعودي
Oman	عُمان
Omani	عُماني

Yemen	يَمَن
Yemeni	يَمَني
Somalia	صومال
Somali	صومالي
Ethiopia	إثْيوبْيا
Nigeria	نيجيرْيا
South Africa	جنوب إفْريقْيا
Norway	نرْويج
Sweden	سْويد
Finland	فِنْلنْدا
Denmark	دانْمارْك
Germany	ألْمانيا
The Netherlands, Holland	هولانْدا
Belgium	بلْجيكا
Ireland	إيرْلنْدا
Great Britain	بْريطانْيا
England	النّكْليز
English	نكْليزي
Scotland	سْكُتْلنْدا
Wales	ويلْز
France	فْرانسا
French	فرنْسي
Spain	إسْبنْيا
Portugal	بُرْتغال

Switzerland	سْويسْرا
Italy	إيطالْيا
Italian	طالْياني
Austria	نمْسا
Austrian	نمْساوي
The Czech Republic	تْشيك
Slovakia	سْلوْڢاكْيا
Poland	پوْلوْنْيا
Hungary	هنْغاريا
Romania	روْمانْيا
Bulgaria	بلْغارْيا
Turkey	تُرْكْيا
Ukraine	أوكْرانْيا
Russia	روسْيا
Iran	أيْران
Afghanistan	أفْغانِسْتان
Pakistan	پاكِسْتان
India	هِنْد
China	الشّينْوا
Chinese	شينْوي
South Korea	كوْريا الجنوبية
Japan	جاپّون
Taiwan	تايْوان
Thailand	تايْلانْد

Vietnam	ڤيتْنام
Malaysia	ماليزْيا
Indonesia	إنْدونيسْيا
The Philippines	فِلِپّين
Australia	أُسْترالْيا
New Zealand	نيوزيلنْدا
Canada	كندا
The United States	الوِلايات المتّحِدة الأمْريكية
America	ميريكان
American	ميريكاني
Mexico	مِكْسيك
Colombia	كوْلوْمْبيا
Venezuela	ڤنْزْويْلا
Brazil	بْرازيل
Argentina	أرْجنْتين
Chile	شيلي

40 Morocco

The Mediterranean Sea	البحْر الأبْيَض المُتوَسِّط
the Sahara	الصّحْرا
Casablanca	كازا / الدّار البيْضا
Hassan II Mosque — in Casablanca, one of the biggest mosques in Africa	جامع الحسن الثّاني
Rabat	رْباط
Marrakesh	مرّاكش
Kutubiyya Mosque — the largest mosque in Marrakesh	جامع الكُتُبية
Tangier	طنْجة
Agadir	أغادير
Fes, Fez	فاس
University of Al-Qarawiyyin — in Fes; the oldest operating university in the world	جامِعة القرويِّين
Ifrane	إيفْران
Ouarzazate	وارْزازات
Essaouira	الصّويْرة
Chefchaouen — nicknamed the 'blue city' for its blue walls in the old city	شفْشاون
Asilah	أصيلة

41 Earth and Space

land; ground, soil; earth	أرْض (أراضي)
island	جزيرة (جُزُر)
peninsula	شِبْه جزيرة
mountain	جْبل (جْبال)
tunnel	نفق (أنْفاق)
mountain range	سِلْسِلة جِبال
mountainous, hilly	جبْلي
hill; plateau	هضْبة
flat	سهْل
valley; ravine, gorge	واد (ويدان)
cliff	جُرْف (جْروف)
continent	قارّة
North America	أمْريكا الشَّمالية
South America	أمْريكا الجنوبية
Europe	أوروبا
Africa	أفْريقْيا
Asia	آسْيا
Australia	أُسْتراليا
water	ما
to freeze	تْجمّد

to melt	ذاب
sea	بْحر (بْحار)
bay, gulf	خليج
canal	قناة (قنَوات)
river *Notice that the word for 'valley' is also used for 'river' in Moroccan Arabic.*	واد (ويدان)
stream	مجْرى
	تيّار
lake	بُحيْرة
waterfall, cataract	شلّال
swamp	مُسْتنْقع
ocean	مُحيط
Pacific Ocean	المُحيط الهاذي
Atlantic Ocean	المُحيط الأطْلسي
Indian Ocean	المُحيط الهِنْدي
equator	خطّ الإسْتِواء
the tropics	المناطِق الاسْتِوائيّة
the Arctic	القُطْب الشّمالي
desert	صخْرا
forest, jungle	غابة
plains, grasslands	سُهول
sand dunes	كثْبان رمْلية

oasis	واحة
volcano	بُركان (براكين)
lava	لافا
to erupt	ثار
eruption	نْفِجار
dormant, extinct	خامد
This volcano hasn't erupted in millions of years.	البُركان خامد من ملايين السِّنين.
earthquake	زلْزال (زلازِل)
an earthquake struck	ضْرب زلْزال
Did you feel the earthquake this morning?	حسّيتي بالزّلْزال هاذ الصّباح؟
air	هْوا
sky	سْما
moon	قمر (أقْمار)
planet	كوْكب (كواكِب)
sun	شمْش
star	نجْمة (نجوم)
universe, cosmos	الكوْن
space, outer space	فضاء
comet	مُذنّب
meteorite, falling star	شِهاب (شُهُب)
sunlight	ضوّ الشّمش

sunrise	شُروق الشّمْس
The sun rises in the east.	الشّمْش كتشْرق من الشّرْق.
sunset	غُروب الشّمْس
dusk, twilight	المغْرِب
compass	بَوْصلة
map	خريْطة
north	شمال
south	جنوب
west	غرْب
east	شرْق
northwest	شمال غرْب
southwest	جنوب غرْب
northeast	شمال شرْق
southeast	جنوب شرْق
Tangier in the north of Morocco.	طنْجة فْ شمال المغْرِب.
The Sahara is in the south of Morocco.	الصّحْرا فْ الجنوب ديْال المغْرِب.
northern	شمالي
southern	جنوبي
western	غرْبي
eastern	شرْقي
the north pole	القُطْب الشّمالي
the south pole	القُطْب الجنوبي

42 Weather

weather	جَوْ
	طقْس
What's the weather like today?	كي دايْر الجَوْ لْيوما؟
The weather is __.	الجَوْ __.
good, nice, fair	مزْيان
bad, miserable	خيْب
What a nice day!	نْهار زْوين!
temperature	حرارة
What's the temperature?	شْحال الحرارة؟
(It's) 25 degrees.	خمْسة و عِشْرين درجة.
(It's) in the low twenties.	فْ البدْية دْالعِشْرينات
in the mid-twenties	فْ النّصّ دْالعِشْرينات
in the high twenties	فْ أواخر العِشْرينات
(It's) around 30 degrees.	تقْريباً ثْلاثين درجة
It's over 30 degrees.	فايْتا ثْلاثين درجة
It's below zero. It's below freezing.	الحرارة تحْت الصِّفْر.
the maximum temperature, the high	درجة الحرارة القُصْوى
the minimum temperature, the low	درجة الحرارة الصُّغْرى
It's __.	الجَوْ __.

الجَوْ serves as the subject when talking about the weather, whereas in English the subject would be 'it,' as in 'It's hot,' or 'It's sunny.'

heat	حرارة
It's very hot.	الجَوْ سْخون بزّاف.
warmth	دْفا
coolness, coldness	برْد
It's really cold.	الجَوْ بارد بزّاف.
It's freezing outside.	موت دْيال البرْد برّا.
heatwave	موْجة حرارة
How hot does it get where you're from?	شحال كتْوْصل الحرارة فْ بْلادْكم؟
Where I'm from, it doesn't usually get over 30 degrees in the summer.	غالِبًا ماكتْفوتْش ثْلاثين درجة فْ الصّيْف فْ بْلادي.
It's hotter than it was yesterday.	الجَوْ سْخن من البارح.
I don't like hot weather.	ماعنْديش مْع الجوْ السْخون.
sky	سْما (سماوات)
The sky is clear.	السّْما صافْية.
It's sunny.	الجَوْ مْشمّش
sun	شمْش، شمْس
The sun has come out.	الشّمْش طلْعات.
The sun is shining.	الشّمْش ساطْعة.
darkness	ضْلام
It's dark.	مْضلّم.
cloud	سْحابة (سْحاب)
It's cloudy. It's overcast.	الجَوْ مْغيّم.

rain	شْتا
It is raining. / It's rainy.	الشّتا كتْصُبّ.
It's started to rain.	بْدات الشّتا كتْصُبّ.
It's stopped raining.	الشّتا حبْسات.
It is pouring.	الشّتا كتْصُبّ بجّهْد.
It is drizzling.	الشّتا كتْنشْنش.
rainbow	قَوْس قُزح
wind	البرْد / الرّيح
It's windy.	كايْن البرد. / كايْن الرّيح.
to blow	نْفخ
chergui	الشّرْكي
	hot, dusty southeasterly wind in southern Morocco; from the word شرْقي (southern).
snow	ثلْج
It's snowing.	الثّلْج كيْصُبّ.
Does it snow where you're from?	كيْصُبّ الثّلْج فْ بلادْكُم؟
Where I'm from, it snows a lot in the winter.	كيْصُبّ الثّلْج بزّاف فْ الشّتا فْ بْلادي.
hail	تبْروري
It's hailing.	كيْطيح التّبْروري.
fog	ضْباب

	ضْبابة
It's foggy.	كايْنا الضْبابة.
storm	عاصِفة
There's a windstorm. It's stormy.	كينا عاصِفة.
There's a rainstorm.	كينا عاصِفة دْ الشْتا.
sandstorm, dust storm	عاصِفة رمْلية
hurricane, typhoon, cyclone; tornado	إعْصار) أعاصير)
dust devil	زوْبِعة
the eye of the storm	مرْكز الإعْصار
lightning	برْق
There was a flash of lightning.	ضْرب البرْق.
Lightning struck the tree.	البرْق ضْرب شجْرة.
	زعد
thunder	زعد
The thunder woke me up last night.	فيّقْني الرُّعد البارح باللّيل.
weather forecast ❶ *météo*	ميْطيو
What's the forecast for tomorrow?	كي دايْر الميْطيو غدّا؟
Do you think it's going to rain?	كتْظُنّ غتْصُب الشْتا؟
It looks like (it's going to) rain.	بايْنا فيها غتْصُب.
We're expecting a storm.	متْوقّعين عاصِفة.

climate	طَقْس
	مُناخ
arid, dry	جاف
Marrakesh has a very arid climate.	جَوْ مرّاكش جاف بزّاف.
humid	كايْنا الرُّطوبة
tropical	سْتِوائي
The weather is quite changeable.	الجَوْ كيتْبدّل.
drought	جفاف
	قحْط
flood	فَيَضان

43 Animals

animal	حَيَوان
pet	حَيَوان أليف
Do you have any pets?	عنْدك حَيَوانات أليفة؟
dog	كلْب (كْلاب)
cat	مُشّ (مْشاش)
I like cats, but I don't like dogs so much.	عْزيز عْليّا المشْاش، و لكن ماعْزيزْش عْليّا الكْلاب بزّاف.
cage	قْفص (قْفوصة)
kennel	بيت دْيال الحَيَوانات
leash	حْبل
	سنْسْلة
dog collar	كولْيا دْيال الكْلاب
to train ❶ *dresser*	دْريسا
	درّب
(pet) food, feed	ماكْلة ذالكْلاب
to feed	وكّل

Both masculine and feminine noun forms exist for most animals. These are, of course, used when referring to animals of a specific gender. Otherwise, it is usually the masculine form that is used to refer to an animal. However, certain animals are more commonly referred to by their feminine forms. The more common form is listed below.

mammal	حَيَوان ثدْيي
bear	دُبّ (دْبوبة)

buffalo	جاموس
cheetah	فهْد (فُهود)
deer, gazelle	غْزالة (غْزال)
elephant	فيل (فيّلة)
fox	ثعْلب (ثْعالب)
giraffe	زرافة
hippopotamus	فرس النّهْر
kangaroo	كنْڭارو
koala	كُوالا
leopard	فهْد
lion	سْبع (سْبوعة)
mouse; rat	فار (فيران)
polar bear	دُبّ قُطْبي
rabbit	أرْنب (أرانِب)
rhinoceros	وَحيد القرْن
skunk	ظرْبان
squirrel	سِنْجاب (سْناجب)
tiger	نمْر (نْمورة)
wolf	ذيب (ذْيوبة)
seal; sealion	فُقْمة
dolphin	دولْفين
whale 🇫 *baleine*	بالينْ

bird	فَرْخ (فْراخ)
canary	كاناري
crow, raven	غْراب
dove; pigeon	حْمامة
eagle, condor, vulture	نْسر (نْسورة)
hawk, falcon	صقْر (صُقور)
ostrich	نْعامة
parrot	بابّغيّو
peacock	طاوْس
penguin	بطْريق
seagull	نَوْرس
small bird *sparrow, finch, etc.*	فْريّخ
stork	لقْلاق
swallow	خطّاف
swan	وُزّة
reptiles	زَواحِف
cobra	كوبْرا
crocodile	تِمْساح (تماسيح)
lizard	سحْلية
snake	حنْش (حْنوشة)
turtle, tortoise	فكْرون (فْكارن)
frog	جْرانة (جْران)

fish	حوتة (حوت)
shark	قِرْش (قْروشة)
jellyfish	قنْديل بحْر
insect, bug	حشرة
ant	نمْلة
bee	نحْلة
A bee stung me.	قرْصاتْني نحْلة.
bee-sting	قرْصة نحْلة
beehive	خلية نحْل
beetle	خنْفوس (خْنافس)
butterfly	فرْطوطّو / فراشة
cockroach	سرّاق الزّيت
cricket	صرْصور
flea	برْغوثة (برْغوث)
fly	ذبّانة (ذبّان)
grasshopper, locust	جْرادة (جْراد)
louse (lice)	كُمْلة (كُمْل)
The child has head lice.	هاذ الدّرّي فيه الكُمْل.
mosquito	نموسة (نموس)
mosquito bite	قرْصة نموسة
A mosquito bit me.	قرْصاتْني نموسة.

moth		فَرْطوطّو
scorpion	*Notice that ق is pronounced ك in this word.*	عقْرب (عْقارب)
snail		حلزون
		بّبّوش
spider		رْتيلة
		عنْكبوت
spider web		شبْكة رْتيلة
I'm afraid of spiders.		كنْخاف من رْتيلات.
wasp		زنْبوْر
worm		دودة (دود)

beak, bill	منْقار
claw, talon	مخْلب (مْخالب)
feathers	ريشة (ريش)
feeler, antenna	أونْطين (أونْطينات)
fur	فرْو
horn, antler	كرْن (كْرون)
paw, leg	رْجل (رجْلين)
tail	ذيل (ذْيول)
udder, teats	ضرْع (ضْروع)
wing	جْناح (جْوانح)

44 Plant Life

plant	نبْتة (نبْتات)
tree	شجْرة (شْجر)
bush, shrub	شجْرة صْغيرْة
leaf	وَرقة شجْرة (أوْراق شجْرة)
branch	غُصْن (أغْصان)
trunk	جْذع (جْذوع)
bamboo	بامْبو
date palm	نخْلة
oak tree	شجْرة البلّوط
palm tree	نخْلة
pine tree	صنْبوْر
flower; rose	وَرْدة (وَرْد)
petal	وَرقة الوَرْدة
stem, stalk	ساق (سيْقان)
carnation	قُرْنْفل
daisy, mum, chrysanthemum	أقْحوان
poppy	بلّعْمان
sunflower	عبّاد الشّمْس
tulip	توليپ
violet	بنفْسج

cactus	ضرݣة (ضرك)
moss	خزّ
vine	لوّاية
seed	زرّيعة
to plant (a seed), grow (a plant)	زرع / غرس
to grow	كبر
This plant is really growing fast!	هاذ النّبْتة كتكْبر دغْية.
to water	سْقى
to fertilize	خصّب
to weed a garden	نقّى الجْنينة
plant pot	محْبق (مْحابق)

45 Colors

color		لون (ألْوان)
black	The first six colors are listed in the masculine, feminine, and plural forms.	كْحل، كحْلة (كحْلين)
white		بيّض، بيّضة (بيّضين)
blue		زْرق، زرْقة
green		خْضر، خضْرة
red		حْمر، حمْرة
yellow		صْفر، صفْرة
beige		باج
brown	🇫 *marron*	قهْوي مارونْ
fuchsia		غوْز فوشْيا
gray		گْري
lemon-yellow	lit. light yellow	خْضر فاتح
light blue		زْرق فاتح
navy blue	lit. dark blue	زْرق غامق
olive		خزّي
orange	🇫 *orange*	ليموني أوْرونْج
pink		غوْز

purple, violet	❶ *mauve*	موْڤ
turquoise		تِرْكْواز
light		فاتح
light green		خْضر فاتح
dark		غامق
dark red		خْمر غامق
colorful, multi-colored		مْلوّن

46 Shapes, Sizes, and Measurements

shape	شْكل (أَشْكال)
circle	دُوَّارة
circular	مْدوَّر
oval; oval-shaped	أوْفال
square; square-shaped	مُربَّاع / مْربَّع
rectangle; rectangular	مُسْتطيل
triangle; triangular	مُثلَّث
big, large	كْبير (كْبار)
small, little	صْغير (صْغار)
length; (person) height	طوْل
long; (person) tall	طْويل (طْوال)
short	قْصير (قْصار)
width	عرْض
measurement	قْياس
to measure	قيَّس
size, volume **F** *la taille*	لاطايْ
surface area	مِساحة
distance	مسافة

millimeter		ميليمِتْر
centimeter		سونْتيمِتْر
meter		ميتْرو
kilometer		كيلومِتْر
inch	The metric system is used in Morocco, but you can refer to inches, feet, and miles, of course.	شْبر (شْبورة)
foot		قدم
mile		ميل (أمْيال)
square meter		مِتْر مُربّع
cubic meter		مِتْر مُكعّب
weight	🇫 poids	وَزْن پْوا
to weigh		وْزن
gram	Notice that غ is pronounced ݣ in this word.	غْرام
kilogram		كيلو
ton (metric)		طُن (أطْنان)

47 Quantity

every; all	ــ گاع ــ كُلّ
every child	كُلّ درّي
all of the children	گاع الدّراري
most	ــ أكْثرية ــ أغْلبية
most people	أكْثرية النّاس
some	ــ شي ــ بعْض
some people	شي ناس
no, none of	ــ حْتى واحد من
no students, none of the students	حْتى واحد من الطّلبة
a lot of	ــ بزّاف دْ
a lot of money	بزّاف دْ الفْلوس
a lot of people	بزّاف دْ النّاس
a little	ــ شْوية
a little time	شْوية الوَقْت
a little money	شْوية الفْلوس
a few	ــ شْوية ــ شي
a few people	شْوية النّاس
a few days	شي يامات

a couple of __	ـــين جوج ـــ
a couple of months	شهْرين جوج شْهورة
several	بزّاف دْ __
several people	بزّاف دْ النّاس

48 Numbers

number, numeral		رقْم (أرْقام)، نمْرة
number	quantity	عدد (أعْداد)
to count		حْسب
odd		فرْدي
even		زوْجي
zero		صِفر، زيرو
cardinal number		عدد أصْلي
one		واحد، وحْدة
two		جوج
two tables and two chairs		جوج طْوابل و جوج كْراسا
three		ثْلاثة
four		ربْعة
five		خمْسة
six		ستة
seven		سبْعة
eight		ثمْنية
nine		تْسعود
ten		عشْرة
eleven		حْداش

twelve	طْناش
thirteen	تلْطاش
fourteen	رْبعْطاش
fifteen	خمْسْطاش
sixteen	سْطاش
seventeen	سْبعْطاش
eighteen	تمنْطاش
nineteen	تسعْطاش
twenty	عِشْرين
twenty-one	واحد و عِشْرين
twenty-two	اتْنين و عِشْرين
twenty-three	تْلاتة و عِشْرين
thirty	تْلاتين
forty	رْبعين
fifty	خمْسين
sixty	سْتين
seventy	سبْعين
eighty	تْمانين
ninety	تسْعين
one hundred	مْية
two hundred	ميتين
three hundred	تلْتمْية

four hundred	ربْعَمْية
five hundred	خَمْسَمْية
six hundred	سْتَمْية
seven hundred	سبْعَمْية
eight hundred	تمَنْمْية
nine hundred	تسْعَمْية
one thousand	آلف
two thousand	ألْفيْن
three thousand	تلْتالاف
four thousand	ربْعلاف
five thousand	خمْسلاف
six thousand	سْتلاف
seven thousand	سبْعلاف
eight thousand	تمَنْلاف
nine thousand	تسْعلاف
ten thousand	عشْرلاف
eleven thousand	خْداشْر آلف
twenty thousand	عِشْرين ألف
one hundred thousand	مْية ألف
million	ملْيون
billion	ملْيار
arithmetic, calculation	حْساب

to calculate, to work out	حْسب
calculator 🇫 calculatrice	كالْكولاتْريس
How did you work that out in your head? I need a calculator!	كيفاش تا حْسْبتيها فْراسك؟ آنا خاصْني كالْكيلاتْريس
to add, add up	جْمع
Add up the price of all the items to get the total.	جْمع الثّمن دْيال گاع الحْوايْج باش تعْرف الطّوطال.
to subtract	نْقص
Subtract the smaller amount from the larger to find the difference.	نْقّص العدد الصّْغير من الكْبير باش تلْقى الفرْق.
to multiply by	ضْرب فْ
Multiply the length and width to find the area of the rectangle.	ضْرب الطّول فْ العرْض باش تعْرف المِساحة دْيال المُسْتطيل.
to divide by	قْسم عْلى
Divide the total by the number of people to find the average. 🇫 moyenne	قْسم الطّوطال عْلى عدد النّاس باش تعْرف لامْوايان.
equals, is	يُساوي
plus, and	زائِد
Three plus two equals five.	ثْلاثة زائِد جوج كتْساوي خمْسة.
minus	ناقِص
Ten minus nine equals one.	عشْرة ناقِص تسْعود كتْساوي واحد.

times	في، فْ
Three times four equals twelve.	ثلاثة فْربْعة كتْساوي طْناش.
divided by	مقْسومة عْلى، عْلى
Twenty divided by four equals five.	طْناش مقْسومة عْلى ربْعة كتْساوي خمْسة.
ordinal number	عدد ترْتيبي
first	اللُّوّل
second	الثَّاني
third	الثَّالت
fourth	الرَّابع
fifth	الخامس
sixth	السَّادس
seventh	السَّابع
eighth	الثَّامن
ninth	التَّاسع
tenth	العاشر
There are twenty books, and the twentieth book is mine. *There are no unique ordinal forms for numbers over 10. The cardinal number is used.*	كين عِشْرين كْتاب، و الكْتاب العِشْرين دْيالي.
the last __	آخر __
fraction	جُزء (أجْزاء)
whole	كُلّ

half	نُصّ (نْصاص، نْصوصة) نَصّ
Two halves make a whole.	جوج نْصوصة يعْطيو جُزْء كامل.
a third	ثُلْت
a fourth, a quarter	رُبْع (أرْباع)
a fifth	خُمْس (أخْماس)
three fifths	تلاتة أخْماس
one twelfth (1/12)	واحد عْلى طْناش
	Fractions above 10 are formed with cardinal numbers separated by عْلى.
three twentieths (3/20)	تلاتة عْلى عِشْرين
percentage	نِسْبة (نِسب)
a large percentage	نِسْبة كْبيرة
what percentage of	شْحال نِسْبة الـ
percent	فالمِية
fifty percent of people	خمْسين فْ المِية من الشّعْب

49 Time

time	وَقْت (أوْقات)
day	نْهار يوْم (أيّام)
in the morning	فْ الصْباح
at noon	فْ الظْهُر
in the afternoon; in the evening	فْ العْشية
at night	فْ اللّيل
at midnight	فْ نُصّ اللّيل
three days ago	تْلْتِيّام هاذي
the day before yesterday	وُل البارح
yesterday	البارح
yesterday morning	البارح الصْباح
last night	البارح باللّيل
today	اليوم
this morning	هاذ الصْباح
this afternoon; this evening	هاذ العْشية
tonight	اللّيلة اليوم باللّيل
tomorrow	غدّا
tomorrow morning	غدّا الصْباح

tomorrow evening	غدّا العْشية
the day after tomorrow	بعْد غدّا
in three days	بعد تلْتيّام
every day	كُلّ نْهار
every other day	مرّة كُلّ يومينْ
all day	نْهار كامل
week	سيمانة
weekday, workday	نْهار الخدْمة
	نْهار وسْط السّيمانة
(on) the weekend	فْ الويكانْد
Sunday	الحد
Monday	الاثْنين
Tuesday	الثْلات
Wednesday	لارْبع
Thursday	الخْميس
Friday	الجمْعة
Saturday	السّبْت
See you on Saturday!	نْشوفك نهار السّبْت!
last week	السّيمانة لّي فاتت
this week	هاذ السّيمانة
next week	السّيمانة الجايّة

I'll tell you next week or the week after.		غَنْكُولِّيك السِّيمانة الجايّة وْلا لِّي بعْدْها.
month		شْهر
January	🇫 janvier	جونْفْيِيْ / يناير
February	🇫 février	فيڤْغِيِّيْ / فبْراير
March		مارْس
April	🇫 avril	أبْريل / أقْريل
May		ماي
June	🇫 juin	جْوان / يونْيو
July	🇫 juillet	جْوِيّ
August	🇫 août	أوت
September	🇫 septembre	سِبْتمْبر
October		أُكْتوبر
November		نوڤمْبر
December		ديسمْبر
I was born in December.		تْزاديت فْ ديسُمْبْر.
calendar		يوْمية
last month		الشْهر لِّي فات
this month		هاذ الشْهر

next month		الشْهر الجاي
season		فصْل (فُصول)
spring		رْبيع
summer		صيْف
fall, autumn		خْريف
winter		شْتا
I like to go to Ifrane in the winter.	Ifrane is a Moroccan city known for snow.	عْزيز عْليّا نمْشي لإفْران فْ الشْتا.
holiday		عُطْلة
New Year's Eve		ليلة راس العام
New Year's Day		راس العام
Valentine's Day	🇫 saint valentin	سان ڤالنْتان عيد الحُبّ
Halloween		هالوين
1975 Green March Day	November 6	المسيرة الخضْرا
1955 Independence Day	November 18	عيد الإسْتقْلال
Youth Day	August 21	عيد الشّباب
Labor Day	May 1	عيد الشُّغل
Mother's Day	last Sunday in May	عيد الأُمّ
1955 Revolution Day	August 20	ثوْرة الملك و الشّعْب

Women's Day	August 13	عيد المرْأة
1944 Independence Manifesto Day	January 11	ذِكْرى تقْديم وَثيقة الإسْتِقْلال
Ramadan		رمْضان
Eid Al-Fitr, the Lesser Eid	3 days	عيد الفِطْر / العيد الصْغيْر
Eid Al-Adha, the Feast of the Sacrifice, the Greater Eid	4 days	عيد الأضْحى / العيد الكْبير
Mawlid	Birth of the Prophet Mohammad	المولِد النّبّوي / الميلود
Christmas	🇫 noël	نويْل

year	عام (أعْوام) / سنة (سِنين)
twenty years ago	عِشْرين عام هاذي
last year	العام لّي فات
this year	هاذ العام
next year	العام الجاي
in five years	بعْد خمْس سْنين
period, era, age	مُدّة
decade	عِقْد (عُقود) / عشْرة سْنين
in the 1980s	فْ الثُّمانينات

century	قرْن (قُرون)
in the 19th century, in the 1800s	فْ القرْن التْسعْطاش
millennium	ألْفية
in the present	فْ الحاضِر
now	دابا
in the past	شْحال هاذي
just, just now	غا دابا
	يالّه
I just went to the bank.	يالّه مْشيت البنْكة.
a long time ago, in the past	شْحال هاذي
	من بكْري
in the future	فْ المُسْتقْبل
right now, right away	دابا
Okay, I'll do it right away!	واخّا، غنْديرْها دابا.
soon, in a bit	شي شْوية
I'll go to bed soon.	شي شْوية غنْمْشي الفْراش.
later	من بعْد
one day, some day	واحد النْهار
hour	ساعة
minute	دْقيقة
second	ثانية
What time is it?	شْحال السّاعة؟

It's one o'clock. (1:00)	الوحْدة قدْقد.
It's two o'clock. (2:00)	الجوج قدْقد.
It's three o'clock. (3:00)	الثّلاثة قدْقد.
It's five past three. (3:05)	الثّلاثة و قْصمْ.
It's ten past three. (3:10)	الثّلاثة و قصْمين.
It's a quarter past three. (3:15)	الثّلاثة و رْبع.
It's twenty past three. (3:20)	الثّلاثة و تولوت.
It's twenty-five past three. (3:25)	الثّلاثة و خمْسة و عِشْرين.
It's three thirty. (3:30)	الثّلاثة و نصّ.
It's twenty-five to four. (3:35)	الرّبْعة قل خمْسة و عِشْرين.
It's twenty to four. (3:40)	الرّبْعة قل تولوت.
It's a quarter to four. (3:45)	الرّبْعة اللّاروب.
It's ten to four. (3:50)	الرّبْعة قل قصْمين.
It's five to four. (3:55)	الرّبْعة قل قْصمْ.
It's almost four o'clock.	قْريبة الرّبْعة قدْقد.

in the morning	sunrise - noon	فْ الصْباح
9 a.m.		تسْعود الصْباح
in the afternoon; in the (early) evening	noon. - 7 p.m.	فْ العْشية
3 p.m.		ثْلاثة العْشية
in the evening; at night	7 p.m. - 3 a.m.	فْ اللّيل
in the (early) morning	3 a.m. - sunrise	فْ الفجْر

what time, when	مْعاش؟
What time do you get up?	مْعاش كتْفيق؟
at __ o'clock	مْع __
around __ o'clock	مْع __ تقْريباً
I usually get up around seven.	الأكْثرية كنْفيق مْع السّبْعة.
at __ o'clock sharp	مْع __ قدْقد
early	بكْري
I went home early from school today.	مشيت للدّار بكْري من المدْرسة لْيوم.
late	مْعطّل
He got home late at night.	وْصل للدّار مْعطّل باللّيل.
since	من
I've been living in Casa since 2010.	آنا ساكن فْكازا من ألْفيْن و عشْرة.
for *lit. now; See usage in example below.*	دابا
I've been learning Arabic for two years.	كنْتْعلم العرْبية دابا عاميْن.
until	حْتى حْتى لْ
I watched TV until eleven o'clock.	تْفرّجْت فْ التّلْفازة حْتى الحْداش.

50 Pronouns

I		آنا
we		حْنا
you	masculine singular	نْتا
you	feminine singular	نْتي
you, you guys	plural	نْتوما
he; it		هُوَّ
she; it		هِيَّ
they		هوما
this (these)	masculine, feminine, plural forms; See Grammar p. xxx.	هذا، هاذي (هاذو)
that (those)	Sometimes the ها is omitted.	هاذاك، هاذيك (هاذوك)
everyone		كولْشي
Everyone needs friends.		كولْشي كيْحْتاج صْحاب.
someone		واحد / شي واحد
Someone is at the door.		شي واحد فْ الباب.
anyone		أي واحد
Anyone can do it.		أي واحد يقْدر يْديرْها.
no one		حْتى واحد
No one lives forever.		حْتى واحد مكيْعيش ديما.

everything	كولْشي
Everything is ready.	كولْشي واجد.
something	حاجة
I want to eat something sweet.	باغي ناكُل شي حاجة حُلْوّة.
anything	أي حاجة
– What do you want to eat? – Anything is fine.	آش باغي تاكُل؟ أي حاجة مزْيانة.
nothing	والو
– What did you buy? – Nothing!	آش شْريتي؟ والو.

51 Question Words

what	**شْنو**
What is that?	شْنو هاذا؟
What do you want?	شْنو بْغيتي؟
who	**شْكون**
Who told you that?	شْكون قالْها ليك؟
to whom	**لمّن**
Who did you tell?	لمّن قلْتيها؟
which __	**إينا**
Which movie do you want to see?	إينا فيلم باغي تْشوف؟
where	**فين**
Where do you live?	فين كتْسْكُن؟
when	**إيمتى**
When are you going on vacation?	إيمتى غتْخْرُج عُطلة؟
what time	**مُعاش**
What time did you get here?	مُعاش جيتي لهْنا؟
how *A short variant is* كي.	**كيفاش**
How do you usually get to work?	كيفاش كتمشي للخدْمة عادةً؟
why	**عْلاش**
Why are you late?	عْلاش مْعطّل؟
how much *price*	**بشْحال**

How much does this cost?	بشْحال هاذي؟
how many, how much; how long	**شْحال**
How many people are there in your family?	شْحال من واحد فْعائِلْتك؟
How much water is there in the bottle?	شْحال دْيال الما كايْن فْ القرْعة؟
How many people died in the revolution?	شْحال دْيال النّاس ماتت فْ الثّوْرة؟
How long does it take you to get to work?	شْحال كدّير باش توْصل للخدْمة؟
How long have you been married?	شْحال و نْتا مزوّج؟
How long is this carpet?	شْحال الطّول دْيال هاذ الزرْبية؟
how old	**شْحال عْمر**
How old are you?	شْحال فْعُمْرك؟
how big	**قدّاش**
How big is your house?	قدّاش كْبيرة داركم؟
how far	**شْحال كين**
How far is it from here to downtown?	شْحال كين من هْنا لوسْط المْدينة؟
how often	**شْحال من مرّة**
How often do you exercise?	شْحال من مرّة كتْريني؟

52 Adverbs

slowly	بْشْوية
fast, quickly	بالزّرْبة
especially	خُصوصًا
at least	عالأقلّ
almost, nearly, around, about	تقْريباً
again	عاوْتاني
alone	بوحْدو
also	حْتى هُوَّ / حْتى هِيَّ (حتى is followed by a noun or pronoun.)

Yes, he's also invited to the party. — آه، حْتى هُوَّ معْروض لْ الحفْلة.

I will also be present at the conference next week. — حْتى آنا غنْكون حاضر لْ المؤْتمر السّيمانة الجايّة.

The stores will also be closing at six. — حْتى المحالات غيْسدّوا مْع السّتة.

here	هْنا
there	لْهيه
everywhere	گاع البْلايْص

I see him everywhere. — كنْشوفو فْكُاع البْلايْص.

somewhere	بْلاصة

I want to go somewhere fun. — باغي نمْشي لْشي بْلاصة مُمْتِعة.

anywhere	أيّ بْلاصة

You can buy it anywhere.   تقْدر تشْريها من أيّ بْلاصة.

nowhere   حْتى بْلاصة

Nowhere is safe.   حْتى بْلاصة ما آمْنة.

always   ديما

She always does her homework.   ديما كاتْدير التّمارين دْيالها.

sometime   شي مرّة

Let's have coffee sometime.   نْديرو قْهيوة شي مرّة.

sometimes   بعْض المرّات

I sometimes get up late.   بعْض المرّات كنْفيق مْعطّل.

anytime   فْأيّ وَقْت

You can call me anytime.   تقْدر تْعيّط ليّا فْأيّ وَقْت.

never   ماعمّر

I never eat breakfast.   ماعمّرْني كنفْطر.

They've never been out of Morocco.   ماعمّرْهُم ماخرْجو من المغْرِب.

usually   أغْلبية

I usually go to work by car, but I sometimes walk.   الأغْلبية كنْمْشي للْخدمة بالطّنوْبيل، و لكِن بعْض المرّات كنتْمشّى.

often   غالِبًا

I often see him at the café.   غالِبًا كنْشوفو فْ القهْوَة.

somehow   شي طريْقة

The cat somehow got in the house.   المُشّ دْخل للدّار بْشي طريقة.

very	بزّاف ــ
very good	مزْيان بزّاف
ــ enough	ــ كِفاية
big enough	كْبير كِفاية
too ــ	بزّاف ــ
too big	كْبير بزّاف
too much, too many	بزّاف دْيال ــ
too much money	بزّاف دْيال الفْلوس
too many people	بزّاف دْيال النّاس
well	مزْيان
She speaks Arabic well.	كتدْوي بالعرْبية مزْيان
still	مازال
I'm still hungry.	آنا مازال جيعان.
not… yet	مازال
He isn't here yet.	مازال ما جا.
I haven't finished my coffee yet.	مازال ما ساليت قهْوْتي.
already 🇫 *déjà*	داجا
I already told you!	داجا قلْتْلك!
I've already eaten lunch.	تْغدّيت داجا.

just	يالّه
I just ate.	يالّه كْليت.
I just told you!	يالّه قلْتْليك!
inside	الدّاخل
It's hot today. Let's stay inside.	الصّهْد لْيوما، آجي نْبْقاو الدّاخل.
outside	برّا
Let's sit outside.	آجي نْكْلْسوا برّا.
abroad, overseas	برّا
He lives abroad.	كيْعيش برّا.
I'm going abroad next week.	غنمْشي برّا السّيمانة الجايّة
upstairs	الفوْق
Come upstairs!	طْلع الفوْق!
downstairs	التحْت

53 Conjunctions

and	و
or	وْلا
but	ولكِن
	أمّا
whether, if	إلا
If the weather is nice tomorrow, we'll go out.	إلا كان الجوْ مزْيان غدّا، نْخُرْجو.
because	حيت
I'm tired today because I went to bed late last night.	عيت لْيوما حيت نْعسْت مْعطّل البارح.
I feel good because I exercise every day.	كنْحسّ بْراسي مزْيان حيت كنْتْريني كلّ نْهار.
so	هادْشي عْلاش
	داكْشي عْلاش
I went to bed late last night, so I'm tired today.	نْعسْت البارح معطّل، داكْشي عْلاش عيّان لْيوما.
so that, in order to	باش
	باش يالّه
You have to study hard in order to learn Arabic well.	خاصّك تقْرى مزْيان باش يالّه تْعلّم العرْبية.
We had to leave home early in order to get there on time.	خاصّك تخْرُج من الدّار بكْري باش يالّه توْصل ف الوَقْت.

The weather needs to be nice so that we can go out.	الجوْ خاص يْكون مزْيان باش نْقدرو نْخُرْجو
that...	بلّي
I know that you like me.	عارف بلّي كتْبْغيني.
after	منْ بعْد ما
	منْ وْرا ما
I had dinner after I got home last night.	تْعشّيت منْ وْرا ما وْصلْت الدّار البارح باللّيل.
I always have dinner after I get home.	ديما كانتْعشّى منْ وْرا ما كانوْصل للدّار.
I'll have dinner after I get home this evening.	غنْتْعشّى منْ وْرا ما نوْصل للدّار فْ العْشية.
before	قْبل ما
He opened the window before he went to bed last night.	حل الشّرْجم قْبل ما ينْعس البارح باللّيل.
He always opens the window before he goes to bed.	ديما كيْحل الشّرْجم قْبل ما ينْعس.
He'll open the window before he goes to bed tonight.	غيْحل الشّرْجم قْبل ما ينْعس لْيوما.
until, by the time	حتى
	تا
I lived in Casa until I graduated from university.	كازا (Casa) is short for Casablanca.	سْكنْت فْ كازا حتى تْخرّجْت من الجامِعة.
I'll stay in a hotel until I find an apartment.	❶ l'hôtel	غنْبْقى فْ لوطيل تا لْقى أپارْتومون.

It was nine o'clock by the time he got up.	كانت تْسْعود قدّقد مْع فاق.

while
و

I did my homework while I was watching TV. (و is always followed by a pronoun when meaning 'while.')	درْت التّمارين و آنا كنْتْفرّج فْ التّلْفازة.

if
كون

If I have enough money, I'll buy it.	كون كان عنْدي الفْلوس، غنْشْريها.

when
مْني
إمْتى

When we got home from work, we went straight to bed.	مْني وصلْنا للدّار من الخدْمة، مْشينا نيشان للفْراش.
I don't know when they're coming.	ماعرفْتْش إمْتى غيْجيو.

where
فين

I can't remember where I put my keys.	ماعْقلْتْش فين حطّيت سْوارْتي.

why
عْلاش

Do you know why he said that?	عرفْتي عْلاش قال هاكّا؟

who
شْكون

I want to know who did it.	باغي نعْرف شْكون دارْها.

what
شْنو
آش

I want to know what you did.	باغي نعْرف شْنو درْتي.
I know what you did.	آنا عارف آش درْتي.

54 Prepositions

at, in, on	في فْ
in, inside; into	داخل
in the box	فْ الصّنْدوْق
outside of; out of	برّا
on; onto	عْلى فوْق
on the table	فوْق الطّابْلة
He fell onto the hood of the car.	طاح فوْق الكابّو ديال الطّنوْبيل.
to	لْ
from	من
from my house to school	من دارْنا للمدْرسة
above, over	فوْق من فوْق
The painting is hanging over the sofa.	الطّابْلو مْعلّق فوْق الفوتوي.
The airplane flew over the mountains.	الطّيّارة طارت من فوق الجْبال.
He jumped over the fence.	نقّز من فوْق لكْريّاج.
under, beneath	تحْت
under the table	تحْت الطّابْلة

between	بين مابين
The post office is between the bank and the supermarket.	البوْسْطة جات مابين البنْكة و السّويّار مارْشيْ.
near, close to	قْريب من
Hassan II Mosque is near the sea. *Hassan II Mosque in Casablanca is one of the biggest mosques in Africa.*	جامع الحسن الثّاني قْريب من البْحر.
far from	بْعيد عْلى
Agadir is far from Casablanca.	أغادير بْعيدة عْلى كازا.
next to; along	حْدى
There's a coffee shop next to my office.	كينا قهْوة حْدى البيرو ديالي.
We walked along the river.	تمشّينا حْدى الواد.
in front of; across from, opposite	قُدّام، مُقابل مْع
I sat down in front of the TV.	كُلسْت قُدّام التّلفازة.
He sat across from the interviewer.	كُلسْت مُقابل مْع ليّ كيدير المُقابلة.
behind	وْرا
I parked behind the house.	بْلاصيت وْرا الدّار.
around, surrounding	دايْر بْ
There's a fence surrounding the house.	كين كُرِيّاج دايْر بالدّار.
through	من وَسْط
The train went through the tunnel.	التْران داز من وَسْط النّفق.

He swam across the river.	Keep in mind that a verb followed by a preposition ('across') in English will not necessarily require a preposition in Arabic.	قْطع الواد عومان.
Don't go down the ladder.		ماتهْبطْش من السّلّوم.
The cat climbed up the tree.		المُشّة طلْعات فْ الشّجْرة.
down from; off		**من**
The cat climbed down the tree.		المُشّة هبْطات من الشّجْرة.
The book fell off the table.		الكتاب طاح من الطّابْلة.
past		**من حْدا**
I walked past the restaurant.		دزْت من حْدا المطْعم.

Prepositions are highly idiomatic, making them notoriously tricky to translate. Notice how 'against' in the following English sentences is translated literally as 'on' and 'in front of' in Arabic.

He leaned against the car.	تكّى عْلى الطّنوْبيل.
The table is against the wall.	الطّابْلة قُدّام الحيْط.
toward	**لْ**
He ran toward the door.	جرّى للْباب.
The train is heading toward Casablanca.	التْران غادي لْكازا.
with	**مْع**
I had dinner with my friends.	تْعشّيت مْع صْحابي.
by, with	**بْ**
I came to work by bus.	جيت للْخدْمة بالطّوبيس.
She wrote the letter by hand.	كتْبات الرّسالة بيدّيْها.

She wrote the letter with a pencil.	كتْبات الرِّسالة بْقلم.
without	**بْلا**
I can't live without you.	مانْقْدرْش نْعيش بْلا بيك.
after	**من بعْد**
	من وْرا
I went home after class.	مْشيت لْ الدّار من بعْد الحِصّة.
before	**قْبل**
Please, wash your hands before eating.	عافاك، غْسل إيدّيك قْبل الماكْلة.

55 Verbs

The following common verbs do not fit neatly into other categories. If you cannot find a verb here, try the index in the back of the book to see if it is listed under another category.

to abandon, desert	تْخلّى
	هْجر
to accept	قْبل
to accompany	مْشى مْع
to adjust	عدّل
to admit	عْترف
to advise, recommend	نْصح
to affect	أثّر عْلى
to allow	خلّى
to answer, respond, reply	جاوَب
to apologize for	طْلب السّماح عْلى
	عْتذر عْلى
to appear	بان
to appreciate	قدّر
to approve of	وافق عْلى
to arrange, organize	قاد
to ascend, go up	طْلع
to ask	سوّل
to attend	حْضر

to be	كان
to be able to, can	قْدر
Can you swim?	تقْدر تْعوم؟
to become, be	وَلَّا
to beg, plead	طْلب
to begin, start	بْدا
to behave	احْترم
to bet	قمّر
to blame __ for	لام __ عْلى
to bother, disturb	قلّق
to break	هرّس
to bring, get	جاب
to burn	حْرق
to care	اتْهلّى
to carry, lift, pick up	هزّ
She carried the box to the kitchen.	هزّات الصّنْدوق للْكوزينة.
He lifted the child up.	هزّ الدّرّي.
He picked the book up from the table.	هزّ الكْتاب من الطّابْلة.
to change	بدّل
to chase, pursue	تْبع
to cheat, deceive	غشّ
to cheer, encourage	شجّع
to choose	خْتار

to climb, ascend	طْلع
to close, lock	سدّ
to come	جا
to compare	قارن
to contact	عيّط
	تّصل بـ
to continue	كمّل
to decline	رْفض
to decrease, reduce	نْقص
to demand	طْلب
to deny	نْكر
to descend, go down	هْبط
to describe	وْصف
to design	صمّم
to disappear	غْبر
to do, make	دار
to drop	طيّح
He dropped his book.	طيّح كْتابو.
to edit, correct	صحّح
to express	عبّر
I can't express myself in Arabic very well.	ماكنْعبّرْش بْالعرْبية مزْيان.
to fall	طاح
to find	لْقى

to finish, come to an end; end, complete, accomplish	سالا
to fix	صاوْب
to float	طْفا
The ball is floating in the water.	الكورة كتطْفو فوْق الما.
to get, take, receive, obtain	خْدا
to give	عْطا
to go	مْشى
to happen	طْرا
to have	عنْدو
to help	عاوَن
to hit	ضْرب
to imagine	تْخيّل
to intend to	نْوى
I intend to succeed at my job.	ناوي نْجح فْ الخدْمة دْيالي.
to jump	نقّز
to keep, continue (doing)	بْقا
to leave; quit	خلّا
to lie	كْذب
to live	عاش
to look	شاف
to lose	خْسر
to mean	قْصد
to move	تحرّك

He hasn't moved in ten minutes.	ما اتْحرّكْش هاذي عشْرة الدّقايْق.
to move (something)	حرّك
I can't move my leg!	ماقادرْش نْحرّك رجْلي.
to name	سمّى
to offer	عْرض
to open	حلّ
to order, command	كُمونْدا
to order, request	طْلب
to pass, go past	فات
to prepare	وَجّد
to prohibit	مْنع
to punish	عاقب
to put, set (down)	حطّ
He set down the book on the table.	حطّ الكْتاب عْلى الطّابْلة.
to say, tell *Notice that ق is pronounced ݣ in this word.*	قال
to show	ورّى
to sink	غْرق
The Titanic sank over a hundred years ago.	التّيتانيك غْرقات هاذي كْثر من مْية عام.
to stay	بْقى
to succeed	نْجح
to suggest, propose	قْترح

to take	خْذا
to tear	قطّع
to thank	شْكر
to tie	رْبط
to touch	مسّ
to try, attempt	جرّب
to use	سْتعْمل
to wait	تْسنّى
to walk, go, leave	مْشى
to welcome, greet	رحّب

56 Adjectives

The following common adjectives do not fit neatly into other categories. If you cannot find an adjective here, try the index in the back of the book to see if it is listed under another category.

good	مزْيان
bad	خيْب
hard	قاصح
soft	رْطب
difficult, hard	صْعيب (صْعاب)
easy	ساهل
important	مُهِمّ
necessary	ضروري
strong	صْحيح (صْحاح)
weak	ضْعيف (ضْعاف)
deep	عميق
	غارق
shallow	ما غارقْش
long; tall (person)	طويْل (طْوال)
He's very tall.	هُوَّ طْويْل بزّاف.
short	قصيْر (قْصار)
She's quite short.	هِيّ قْصيْرة بزّاف.
old, ancient	قْديم (قْدام)
new	جْديد (جْداد)
clear, obvious	واضح

His answer was very clear.	الجواب دْيالو كان واضح.
unclear	ما واضحْش
clean	نْقي
dirty	مُسّخ
heavy	ثْقيل (ثْقال)
light	خْفيف (خْفاف)
ready	واجد
Are you ready yet?	نْتا واجد؟
I'm ready!	آنا واجد.
right *person*	عنْدو الصّحّ
Yes, you're right!	آه، عنْدك الصّحّ!
wrong *person*	غالْط
I think you're wrong (about that).	بان لِيّا راك غالط.
slow	ثْقيل (ثْقال)
fast, quick	خْفيف (خْفاف)
hot	سْخون
warm	دافي
cool, cold	بارد
famous	مشْهور
independent	مُسْتقلّ
busy	مشْغول
empty; available, free	مْسالي
Are you free tomorrow?	نْتا مْسالي غدّا؟

full	عامر
useful	مُفيد
useless	بْلا فائِدة
careful, cautious	راد بالو
careless	ما مْسوّقْش
absent-minded	سارح
open	مخْلول
closed	مسْدود
wet	سارد
dry	ناشف
quiet	ساكت
noisy	فيه الصْداع
rough	قاصْح
smooth	رْطب
narrow; tight	مْضيَّق
wide; loose	واسع
dark	مْظلّم
bright, light	مْضوّي
sharp	مقْمقم
blunt	ما مْقمْقمْش
additional	زايْد
the same __	نفْس الـــ
similar	بْحال بْحال

different	ماشي بْحال بْحال
possible	مُمْكِن
impossible	مايمْكنْش
probable, likely	بْحال والو

57 Greetings and Common Expressions

yes	آه
no	لّا
Excuse me, ...	سْمح لِيّا
please	عافاك
Here you are!	ها نْتا!
Go ahead!	تْفضّل!
You first!	نْتا اللُّوّل!
Thank you.	شُكْرًا
I'm sorry.; I apologize.	سْمح لِيّا.
Hi!	السّلام!
Hello!	السّلامُ عليْكُم!
Good morning!	صْباح الخير!
How are you? ça va?	كيدير؟ / كيدايْر؟ / ساڤا؟
I'm fine.	لاباس، ساڤا.
Hi! How are you? It's been a long time since I've seen you!	السّلام! كيدايْر؟ شْحال ماشفْتك!
What's up?	آش كتْعاوْد؟

Goodbye!		بْسلامة!
Good night!		تصْبح عْلى خيْر!
Hope to see you soon!	literally translates to 'hope to see you one of these days'	علّاه نْشوفك هاذ لِيّامات!
See you later!		نْشاوْفو من بعْد!
Have a good trip!	❶ bon voyage	رِحْلة مُمْتِعة! بوْن فوايّاج!
Take care!		تهلّى! تهلّى فْراسك!
Welcome!		مرْحْبا!
May God be with you! (farewell)		الله مْعاك!
Welcome home! We really missed you!		عْلى سْلامْتك! توحّشْناك بزّاف
I miss you!		توحّشْتك!
It's nice to meet you.		متْشرّفين.
Congratulations!		مبْروْك!
Congratulations on graduating!		مبْروك عْلى التّخرُّج!
Thank you.	response to congratulations	الله يْبارك فيك.
Congratulations!	on an engagement, marriage, etc.	مبْروك!
Thank you.	response if the congratulator is married	الله يْبارك فيك.
Thank you.	response if the congratulator is single	الله يْبارك فيك، العُقْبة ليك إنْشاء الله.

Good luck!	❶ bonne chance	الله يْسهّل عْليك! بوْن شونْس!
Thank you.	common response to well wishes in general	شُكْراً، الله يْبارك فيك.
	utterance when someone has finished performing one of the five daily prayers	الله يتْقبّل!
	response	تقبّل الله منّا و منْك.
Welcome back from your pilgrimage!	greeting to someone who has recently returned from hajj	(عْلى سْلامْتك،) حج مُبارك.
My condolences. May he rest in peace!	to someone who has lost a male relative	البركة فْراسْكُمْ، الله يرْحْمو و يوسّع عْليه.
My condolences. May she rest in peace!	to someone who has lost a female relative	البركة فْراسْكُمْ، الله يرْحْمها و يوسّع عْليها.
Thank you.	response to condolences	مامْشا مْعاك باس، جازاك الله خيْراً.
Rest in peace!; R.I.P.	utterance when hearing that someone has passed away	إنّا لله و إنّا إليْه راجِعون!
Get well soon!		الله يْشافيك!
	greeting to someone who has just had a shower or returned from the hammam	بْالصّحّة
	response to the above greetings	الله يعْطيك الصّحّة
	utterance before starting to eat	بِسْمِ الله
	utterance after finishing eating	الحمْد لله، الله يخْلف.

	utterance to someone who has finished eating	بْالصّحّة
	utterance of appreciation to someone who helps or does you a favor	شكراً بزّاف، جازاكَ اللهُ خيراً.
You're welcome!	response to above utterance	عفْواً! هانْية! مْشي مُشْكيل!
	greeting to someone who has just come back home from the hospital	عْلى سْلامْتك!
Bless him!	when talking about a child	الله يْبارك فيه!
May God bless you!		الله يْبارك فيك!

Index

abandon 231
abdomen 25
able to 232
ablution 165
abortion 87
about 220
above 227
abroad 134, 223
absent-minded 239
academy 75
accelerate 97
accelerator 97
accent 168
accept 231
accident 99
accompany 231
accomplish 234
account 104
accountant 71
accusation 144
accuse 144
accused of 144
acne 22
acrobat 121
across from 228
act 120
action movie 119
actor 71, 120
ad 110
adapter 41
add 205
add up 205
additional 239
address 14, 106
adhesive tape 108
adjective 172
adjust 231
adjust the weight 129
administration 148
admire 159
admit 231
adolescence 3
adolescent 2

adopt 10
adopted 10
adoption 10
adoptive parents 10
adults 2
advanced 169
adverb 172
advertisement 110
advise 231
aerobics 130
affair 13
affect 231
affix a stamp 106
Afghanistan 177
afraid 157
Africa 180
after 225, 230
afternoon 208
afternoon prayer 166
Agadir 179
again 220
age 2, 3, 212
age of retirement 70
agree with 161
agreement 161
agriculture 150
AIDS 85
air 182
air force 152
air-conditioned 137
air-conditioner 41
airfare 135
airmail 106
airplane 135
airport 135
aisle 120
aisle seat 135
alarm clock 47
alcohol 54
Algeria 174
Algerian 175
alias 14
alive 1

all 200
Allah 163
alley 100
allow 231
almond 60
almost 220
alone 220
along 228
alphabet 170
already 222
also 220
altar 167
always 221
America 178
American 178
American football 126
ancestors 10
ancient 237
and 205, 224
angel 163
angry 156
animal 189
aniseed 60
ankle 24
anniversary 12
annoy 156
annoyed by 156
annoying 156
answer 75, 76, 231
answer the phone 91
ant 192
antenna 116, 193
antibiotics 86
antler 193
anus 27
anyone 216
anything 217
anytime 221
anywhere 220
apartment 38
apartment building 102

apologize for 231
app 90
appear 231
applaud 120
applause 120
apple 58
applicant 67
apply for a job 67
appointment 83, 148
appreciate 231
approve of 231
apricot 59
April 210
Arab 174
Arab World 174
Arabic 169
Arabic classical music 123
architect 71
Arctic 181
Argentina 178
argue about 161
arid 188
arithmetic 204
arm 23
armchair 41
armpit 23
army 152
around 215, 220, 228
arrange 231
arranged marriage 12
arrest 143
arrested 143
arrival 137
arrive 137
art 117
artery 26
article 107, 172
artist 71, 117
ascend 231, 233
ashtray 121

Asia **180**
Asilah **179**
ask **75, 231**
asleep **45**
asparagus **57**
aspirin **86**
ass **27**
assault **142**
asshole **27**
asthma **85**
at **227**
atheism **165**
atheist **165**
athlete **71**
Atlantic Ocean **181**
ATM **105**
attack **142, 152**
attempt **236**
attend **231**
attend a lecture **75**
aubergine **57**
audience **120**
auditorium **77, 119**
August **210**
aunt **9**
Australia **178, 180**
Austria **177**
Austrian **177**
author **107**
auto-rickshaw **94**
automatic **97**
autumn **211**
available **238**
average height **28**
average weight **29**
average-looking **29**
axe **49**
baby **1**
bachelor's degree **81**
back **25**
back up **97**
backache **84**
backpack **76**
bad **164, 184, 237**
bad breath **19**
bad for you **52**
bad luck **164**
bad skin **22**
badness **164**
bag **31, 65**
baghrir **65**
baguette **61**
Bahrain **175**
Bahraini **175**
bait **118**
bake **43**
baked **64**
baker **71**
bakery **100**
baklava **56**
bald **21**
ball **126**
ballet dancer **124**
balls **27**
bamboo **194**
bananas **57, 59**
band **123**
bandage **86**
bangs **21**
bank **100, 104**
bank manager **71**
bank teller **71**
banker **71**
baptism **167**
baptize **167**
bar of soap **48**
barbell **129**
barber **71**
bare **27**
bargain **110**
barn **150**
barrette **32**
baseball **126**
baseball cap **32**
basement **102**
basil **60**
basketball **126**
basketball hoop **126**
bastilla **65**
bath **47**
bathing suit **32**
bathrobe **32**
bathroom **47**
bathtub **47**
battle **152**
bay **181**
be **232**
beach **132**
beach umbrella **132**
beak **193**
bean **57**
beanie **32**
bear **189**
beard **21**
beat **26, 127**
beautiful **29**
because **224**
become **232**
bed **44**
bedroom **44**
bedsheet **45**
bedside table **47**
bee **192**
bee-sting **192**
beef **62**
beef steak **63**
beehive **192**
beer **54**
beetle **192**
beetroot **57**
before **225, 230**
beg **232**
begin **232**
beginner's **169**
behave **232**
behind **228**
beige **196**
belch **19**
Belgium **176**
belief **163**
believe **154**
believe in **163**
bell pepper **57**
belly **25**
belly button **25**
belly dancing **124**
belt **31**
belt buckle **31**
beneath **227**
berry **59**
bet **232**
between **228**
beverage **50**
Bible **167**
bicycle **93**
bicycle lane **93**
big **198**
big enough **222**
bike path **93**
bike seat **94**
bikini **32**
bill **109, 112, 146, 193**
billion **204**
biology **81**
bird **191**
birth **1**
birth parents **10**
birthday **3**
birthmark **23**
bishop **125**
bite **19, 50**
bitter **52**
black **196**
black hair **20**
black pepper **60**
blackboard **76**
bladder **26**
blame **232**
bland **52**
blanket **45**
blemish **22**
blender **44**
blind **16**
blinds **39**
blink **16**
blond hair **20**
blood **26**
blouse **30**
blow **186**
blow one's nose **17**
blue **196**
blue eyes **16**

blueberry **59**
blunt **239**
board **136, 148**
boat **92**
body **4, 15**
body shape **28**
boil **43**
boiled **64**
boiled egg **62**
bomb **152**
bone **26**
boner **27**
bonus **70**
boob **25**
book **107, 114, 135, 138**
bookcase **47**
bookstore **107**
boots **33**
border **134**
born **1**
borrow **104**
bosom **25**
boss **68**
bother **232**
bottle **54**
bottom **27**
bowels **25**
bowl **42**
boxing **126**
boy **2**
boyfriend **11**
bra **30**
bracelet **36**
bracket **173**
braids **21**
brain **15**
brake **97**
branch **194**
Brazil **178**
bread **61**
break **68, 77, 232**
break a bill **146**
break a bone **86**
break into a house **142**

break someone's heart **11**
break the law **142**
break up **11**
break wind **28**
breakfast **52**
bream **63**
breastfeed **1**
breath **20**
breathe **20**
breathe in **131**
breathe out **131**
brick **103**
bride **12**
bridge **95**
briefcase **31**
bright **239**
bring **232**
briouat **56**
broad bean **57**
broad shoulders **25**
broccoli **57**
broken **86, 171**
brooch **37**
broom **40**
brother **7**
brow **15**
brown **196**
brown eyes **16**
bruise **85**
brush **21**
brush one's teeth **48**
brush one's teeth **19**
buckle **31**
Buddha **165**
Buddhism **165**
Buddhist **165**
buffalo **190**
bug **192**
build **28, 102**
building **102**
Bulgaria **177**
bumper **98**
bun **21**
burial **4**
burn **86, 232**

burned **86**
burp **19**
bury **4**
bus **137**
bus driver **71, 92**
bus station **137**
bus stop **92**
bush **194**
business **148**
business class **135**
business trip **69**
businessman **148**
businesswoman **148**
busy **238**
but **224**
butcher **71**
butcher shop **100**
butt **27**
butter **55**
butterfly **192**
buttocks **27**
button **33**
button up **33**
buy **109**
by **229**
by the time **225**
cabbage **57**
cabinet **42, 139**
cactus **195**
Caesar salad **58**
café **101**
cafeteria **77**
cage **189**
cake **56**
calculate **205**
calculation **204**
calculator **205**
calendar **210**
calf **24**
call **14, 91**
called **14**
calligraphy **170**
calories **130**
camel **151**
camera **118**
camp **133**

camping **133**
can **53, 232**
Canada **178**
canal **181**
canary **191**
cancel **148**
canceled **136**
cancer **85**
candidate **67**
candle **41**
candy **56**
cap **32**
capital **141**
capital city **141**
capital punishment **144**
capsicum **57**
car **94, 137**
car door **96**
car door handle **96**
car insurance **95**
car roof **98**
carbonated drink **53**
cardinal number **202**
cardio exercise **130**
cardiologist **83**
care **232**
career **70**
careful **239**
careless **239**
carnation **194**
carpenter **71**
carpet **39**
carrot **57**
carry **232**
carton **65**
cartoon **114**
Casablanca **179**
case **172**
cashier **71, 110**
casserole dish **43**
cassette **116**
cast **86**
cat **189**
cataract **181**
catch **127**

cattle **150**
cattle corral **150**
cauliflower **57**
cautious **239**
cavity **88**
CD **116**
CD player **116**
ceiling **39**
celery **57**
cell phone **90**
cemetery **4**
centimeter **199**
Central Bank of
  Morocco **104**
century **213**
cereals **151**
ceremony **163**
certain **161**
certificate **80**
chain **93**
chair **39, 148**
chairman **148**
chalk **76**
champion **127**
change **109, 146, 232**
change a flat tire **97**
change gears **97**
change lanes **95**
change money **134**
change one's
  clothes **34, 129**
change planes **136**
change the oil **98**
change trains **137**
changing room **129**
channel **115**
chapped **19**
charge **144**
chase **232**
cheap **109**
cheat **232**
check **78, 97**
check in **135, 138**
check out **138**
check-up **83**

cheek **15**
cheer **232**
cheese **55**
cheetah **190**
chef **71, 112**
Chefchaouen **179**
chemistry **81**
chergui **186**
cherry **59**
chess **125**
chess piece **125**
chest **25**
chew **19, 50**
chew gum **55**
chewing gum **55**
chick **150**
chicken **63, 150**
chicken filet **63**
chickpea **57**
child **2, 7**
childhood **3**
childish **2**
children's program **114**
Chile **178**
chili pepper **57**
chin **15**
China **177**
Chinese **168, 177**
Chinese characters **170**
chipped tooth **88**
chives **60**
chocolate **55**
choir **167**
choke on **20**
choose **232**
chop (up) **43**
chop wood **49**
Christ **164**
Christian **164**
Christianity **164**
Christmas **212**
chrysanthemum **194**
chubby **29**
church **166**

church service **166**
cigar **121**
cigarette **121**
cigarette butt **121**
cinema **118**
cinnamon **60**
circle **198**
circular **198**
circus **120**
citizen **140**
citizenship **174**
city **100**
city bus **92**
city hall **100**
civil servant **67**
class **75**
Classical Arabic **169**
classical music **123**
classroom **76**
claw **193**
clean **40, 238**
clean-shaven **22**
cleaner **71**
cleaning **88**
clear **237**
clear the table **42**
clever **155**
click on **89**
client **69**
cliff **180**
climate **188**
climb **233**
clinic **83**
close **89, 233**
close one's eyes **16**
close one's mouth **18**
close to **228**
closed **239**
cloth **35**
clothes dryer **35**
clothesline **35**
clothing **30**
clothing size **34**
cloud **185**
clove **60**

clown **121**
clutch **97**
coach **135**
coal **122**
coat **32**
cobra **191**
cock **27, 150**
cockroach **192**
coconut **60**
coffee **44, 54**
coffee beans **54**
coffee maker **44**
coffee shop **101**
coffin **4**
coin **146**
Coke **53**
cola **53**
cold **84, 238**
cold water **48**
coldness **185**
collar **30**
colleague **68**
college **79**
college student **81**
colloquial language **169**
Colombia **178**
colon **173**
color **196**
colorful **197**
column **107**
comb **21**
come **233**
come to an end **234**
comedy program **114**
comet **182**
comfortable **137**
comic book **114**
comma **173**
command **235**
commerce **148**
commercial **148**
commit a crime **142**
committee **148**
company **68, 148**

248 | Moroccan Colloquial Arabic Vocabulary

company
  representative **69**
compare **233**
compartment **137**
compass **183**
complain about **159**
complaint **159**
complete **234**
complexion **22**
composition **78**
computer **89**
concrete **102**
condiments **60**
condom **88**
condor **191**
conference **149**
congested **85**
conjugate **172**
conjugation **172**
consciousness **154**
consonant **173**
constipated **85**
constitution **140**
construction **102**
construction worker **102**
contact **233**
contact lens **36**
contagious **87**
continent **180**
continue **233, 234**
convict **143**
cook **43, 71, 112**
cookbook **44**
cookie **56**
cool **238**
coolness **185**
coop **150**
copy **76**
corn **151**
corner **100**
corpse **4**
corral **150**
correct **76, 233**
correct a test **79**
cosmos **182**

cost **109**
cotton **35**
cotton candy **56**
couch **41**
cough **19, 85**
council **148**
count **202**
counter **42, 106**
country **174**
couple **11, 201**
coupon **110**
courgette **58**
courier bag **31**
court **143**
courtyard **48**
couscous **65**
cousin **9**
cow **150**
coworker **68**
crab **63**
cracker **56**
craft **70**
crash **99**
crazy **155**
cream **55**
cremate **5**
cremation **5**
cricket **192**
crime **142**
criminal **142**
criticism **159**
criticize **159**
crochet **117**
crocodile **191**
cross the street **95**
cross walk **95**
cross-eyed **16**
crow **191**
crowd **120**
cruel **158**
cry **17, 156**
cubic meter **199**
cucumber **57**
culture **174**
cumin **60**
cup **54**

cup one's ear **18**
cupboard **42**
cure **87**
curly hair **21**
currency **145**
curriculum **75**
curry (powder) **60**
curtain **39**
cushion **45**
customer **110**
customer service **71**
customs **134**
customs officer **134**
cut **43, 85**
cut in half **43**
cute **29**
cuttlefish **64**
cyclist **93**
cyclone **187**
Czech Republic **177**
dad **6**
dairy products **55**
daisy **194**
dance **124**
dancer **124**
dark **197, 239**
dark brown hair **20**
dark circles under
  one's eyes **16**
dark red **197**
dark-skinned **22**
darkness **185**
darling **11**
darn **117**
dashboard **97**
date **11, 59**
date palm **194**
dating **11**
dawn prayer **166**
day **208**
day after tomorrow **209**
day before
  yesterday **208**
day off **113**
day shift **69**

dead **4**
deaf **18**
death **4**
death sentence **144**
debt **104**
decade **212**
deceased **4**
deceive **232**
December **210**
decide **154**
decision **154**
declare **134**
declare war on **152**
declension **172**
decline **172, 233**
decrease **233**
deep **237**
deep breath **20**
deep sleep **46**
deep sleeper **46**
deer **190**
defecate **28**
defend **152**
defense **144, 152**
definite **173**
degree **80**
delayed **136**
delete **89**
delicious **51**
demand **233**
democracy **140**
democratic **140**
demolish **102**
demon **164**
demonstrate **141**
demonstration **141**
demonstrator **141**
Denmark **176**
dent **98**
dental floss **48**
dentist **71, 88**
dentistry **81**
deny **233**
depart **137**
department **79, 139**
departure **137**

deposit **105**
descend **233**
descendants **10**
describe **233**
desert **181, 231**
design **233**
desire **162**
desk **47, 76**
destroyed **99**
devil **164**
diabetes **85**
diabetic **85**
diagnose **84**
diagnosis **84**
dialect **169**
diamonds **37**
diaper **1**
diarrhea **85**
dice **43, 125**
dick **27**
dictator **140**
dictatorship **140**
dictionary **171**
die **4**
diet **129**
different **240**
difficult **237**
dig **49**
diligent **158**
dining room **42**
dining table **42**
dinner **43, 52, 53**
diploma **80**
dirham **145**
dirty **238**
disagree with **161**
disappear **233**
discount **110**
discussion **161**
disease **83**
dish **42**
dishes **44**
dishwashing liquid **44**
dissertation **81**
distance **198**

disturb **232**
dive **133**
divide by **205**
divided by **206**
divorce **12**
divorcee **13**
dizziness **84**
dizzy **84**
do **233**
doctor **71, 83**
doctor's office **83**
doctorate **81**
documentary **114**
dog **189**
dog collar **189**
doll **125**
dollar **145**
dolphin **190**
donkey **150**
door **39**
doorman **39**
dormant **182**
dormitories **80**
double bed **45**
double room **138**
dove **191**
down from **229**
download **90**
download an MP3 **116**
downstairs **223**
downtown **100**
doze off **45**
drama **119**
draw **117**
draw blood **86**
drawer **47**
drawing **117**
dream **45**
dress **31, 34**
dresser **46**
drink **50**
drink and drive **55**
drive **94, 96**
driver **94**
driver's license **94**

drop **233**
drop off **96**
drought **188**
drowsy **45**
drum **124**
drunk **54, 55**
dry **188, 239**
dry herbs **60**
dry off **47**
dry skin **22**
dry the laundry **35**
dryer **35**
dual **172**
duck **151**
Duha prayer **166**
dumbbell **129**
dusk **183**
dust **40**
dust devil **187**
dust storm **187**
dusty **40**
Dutch **168**
duvet **45**
dye one's hair **20**
e-mail **90**
eagle **191**
ear **18**
early **215**
earn (money) **69**
earn interest **104**
earphones **116**
earring **36**
earrings **37**
earth **180**
earthquake **182**
earwax **18**
east **183**
eastern **183**
easy **237**
eat **50**
economics **81**
economy class **135**
Edam cheese **55**
edit **233**
editor **71**
educated **74**

education **74**
egg **62**
egg white **62**
egg with tomatoes **65**
eggplant **57**
Egypt **174**
Egyptian **174**
Egyptian Arabic **169**
Eid Al-Adha **212**
Eid Al-Fitr **212**
Eid prayers **166**
eight **202**
eight hundred **204**
eight thousand **204**
eighteen **203**
eighth **206**
eighty **203**
elbow **23**
elect **140**
elections **140**
electric razor **48**
electrical outlet **41**
electrician **71**
elementary school **74**
elephant **190**
elevator **102**
eleven **202**
eleven thousand **204**
elliptical trainer **130**
embarrassed by **157**
embroider **117**
emeralds **37**
emergency brake **97**
Emirates **175**
Emirati **175**
emotion **156**
emperor **139**
empire **140**
employ **68**
employed **67**
employee **68**
employer **68**
empress **139**

empty **238**
encourage **232**
end **234**
engaged **11**
engagement **11**
engagement ring **36**
engineer **71**
England **176**
English **168, 176**
enjoy **159**
enjoyable **113**
enlist **152**
enough **222**
enroll **79**
enrollment **79**
entertain guests **117**
entrance exam **77**
entrepreneur **148**
envelope **106**
envious **158**
episode **115**
equals **205**
equator **181**
era **212**
erase **108**
eraser **108**
erect **27**
erection **27**
erupt **182**
eruption **182**
escalator **102**
escape **144**
especially **220**
espresso **54**
Essaouira **179**
essay **78**
Ethiopia **176**
euro **145**
Europe **180**
evade taxes **146**
evangelical **167**
even **202**
evening **208**
evening prayer **166**
every **200**
every day **209**

every other day **209**
everyone **216**
everything **217**
everywhere **220**
evil **164**
exam **77**
exam results **78**
examination **84**
examine **84**
exchange **111**
exchange office **134**
exchange rate **134**
excited about **157**
exciting **157**
exclamation mark **173**
excrement **28**
exercise **128, 130, 169**
expect **155**
expenses **146**
expensive **109**
experience **68**
experience nausea **85**
expiration date **51**
expire **134**
explode **152**
explosion **152**
express **137, 233**
expressway **95**
extend one's fingers **24**
extended family **6**
extension cord **41**
extinct **182**
extra-large **34**
eye **15**
eye doctor **83**
eye of the storm **187**
eyebrow **16**
eyelash **16**
eyelids **16**
eyesight **17**
fabric **35**

face **15**
Facebook **90**
factory **149**
faculty **79**
fail a test **77**
failing grade **78**
faint **84**
fair **184**
fair-skinned **22**
fairy tale **107**
faith **163**
falafel **65**
falcon **191**
fall **211, 233**
fall asleep **45**
falling star **182**
family **6**
famous **238**
Fanta **53**
fantasy **120**
far from **228**
farm **150**
farmer **72, 150**
Farsi **168**
fart **28**
fast **220, 238**
fast food **55, 112**
fat **29, 64**
father **6**
faucet **44**
fava bean **57**
fava bean salad **65**
fax **90**
fax machine **90**
fear **157**
Feast of the Sacrifice **212**
feathers **193**
February **210**
feces **28**
fed up **156**
fee **109**
feed **189**
feel **156**
feel bad **156**
feel good **156**

feeler **193**
feeling **156**
felucca **113**
feminine **172**
fence **38**
fender-bender **98**
feqqas **56**
fertilize **195**
Fes **179**
fever **85**
few **200**
few days **200**
few people **200**
Fez **179**
fiancé(e) **12**
field **151**
fifteen **203**
fifth **206, 207**
fifty **203**
fig **59**
file **89**
final exam **77**
finance **104**
financial **146**
find **233**
find a job **68**
finger **23**
fingernail **24**
fingerprint **24**
fingertip **24**
finish **234**
finish work **68**
Finland **176**
fire **70**
fire fighter **72**
fire station **100**
first **206**
first class **135, 136**
first name **14**
fiscal **146**
fish **63, 192**
fish bone **63**
fisherman **72**
fishing **118**
fishing pole **118**
fishing tackle **118**

fist **24**
fitness **128**
five **202**
five hundred **204**
five thousand **204**
fix **234**
fixed price **110**
flashcard **171**
flat **180**
flat chested **25**
flat tire **97**
flavor **51**
flea **192**
flight **135**
flight attendant **72, 136**
float **234**
flood **188**
floor **38, 39, 102**
floss one's teeth **19, 48**
flour **62**
flour bread **62**
flower **194**
flower vase **42**
flu **85**
fluently **171**
flush the toilet **47**
flute **124**
fly **135, 192**
fly a kite **113**
fog **186**
folder **89**
folk music **123**
follow a recipe **44**
food **50, 189**
foot **24, 199**
football **126**
football match **126**
football pitch **126**
for **215**
for free **109**
forefathers **10**
forehead **15**
foreign **174**

foreign language **168**
foreigner **174**
forest **181**
forget **154**
forgetful **154**
fork **42**
forty **203**
fountain **100**
four **202**
four hundred **204**
four thousand **204**
fourteen **203**
fourth **206, 207**
fox **190**
fraction **206**
franc **145**
France **176**
freckles **23**
free **109, 141, 238**
free weights **129**
freedom **141**
freeze **180**
freezer **42**
freight **92**
French **168, 176**
fresh **51**
fresh herbs **60**
freshman **80**
Friday **209**
Friday prayer **165**
Friday sermon **165**
fried **64**
fried egg **62**
friend **113**
friendly **158**
frog **191**
from **227**
front door **39**
front seat **96**
front teeth **19**
frown **15, 156**
fruit **58**
fry **43**
fuchsia **196**
fuck **13**

full **51, 239**
full name **14**
full-time **67**
fun **113**
funds **146**
funeral **4**
funny **158**
fur **193**
furnished **39**
furniture **39**
fuse **41**
future tense **172**
gain weight **129**
gallbladder **26**
game **125**
game show **114**
garbage **44**
garbage can **44**
garbage collector **72**
garden **49**
garden hose **49**
gardener **38, 72**
gargle **48**
garlic **57**
gas **98**
gas pedal **97**
gas pump **98**
gas station **98**
gas water heater **48**
gate **38, 135**
gazelle **190**
gazelle ankles **56**
gear **97**
gender **172**
generous **158**
genie **163**
geography **81**
geology **81**
geometry **81**
German **168**
Germany **176**
get **232, 234**
get along with **161**
get off work **68**
get off/out of **92**
get on/in **92**

get out **92**
get up **46**
ghoriba **56**
ginger **60**
giraffe **190**
girl **2**
girlfriend **11**
give **234**
give birth **1, 87**
gland **26**
glass **54, 103**
glasses **36**
glove **32**
glove compartment **97**
go **234, 236**
go back to (the previous track) **116**
go bad **51**
go down **233**
go downstairs **102**
go for a walk **113**
go on a date **11**
go out **113**
go past **235**
go to the bathroom **28**
go up **231**
go upstairs **102**
goal **126**
goat **150**
goatee **22**
god **163**
goddess **163**
going out **11**
gold **37**
golf **126**
golf ball **126**
golf club **126**
golf course **126**
good **184, 237**
good at **81**
good for you **52**
good luck **164**
good-looking **29**
goose **151**

gorge **180**
govern **139**
government **139**
grade **78**
graduate from **80**
grain **151**
gram **199**
grammar **172**
grammatical **172**
grammatical rule **172**
grandchildren **9**
granddaughter **9**
grandfather **8**
grandma **9**
grandmother **8**
grandpa **8**
grandparents **8**
grandson **9**
grapefruit **59**
grapes **59**
graphic novel **114**
grasshopper **192**
grasslands **181**
grateful **157**
grave **4**
gravestone **4**
graveyard shift **69**
gravy **61**
gray **196**
gray hair **20**
graze **151**
greasy **64**
Great Britain **176**
great-grandfather **9**
Greater Eid **212**
greedy **158**
Greek **168**
green **196**
green bean **57**
green eyes **16**
green light **95**
green onion **58**
green salad **58**
greet **236**
grenade **152**

grilled **64**
grip **24**
grocery store **100**
groom **12**
ground **180**
ground floor **102**
group **123**
grow **195**
grow (a plant) **195**
grow old **2**
grow up **2**
grown-ups **2**
guard **39**
guess **155**
guest **117**
guitar **124**
guitar strings **124**
gulf **181**
Gulf Arabic **169**
gums **19**
gym **128**
gym clothes **129**
gymnasium **76**
Hadith **166**
haggle over **110**
hail **186**
hail a taxi **93**
hair **20**
hair clip **32**
hair dryer **47**
hair ribbon **32**
haircut **21**
hairdresser **72**
hake **63**
half **207**
half-brother **7**
half-sister **8**
Halloween **211**
ham **63**
hamburger **55**
hammer **49**
hand **23**
hand brake **97**
handbag **31**
handicapped **83**
handsome **29**

handwriting **170**
hang **40**
hang out the laundry **35**
hang up **91**
hang up on **91**
hanged **144**
hanger **46**
happen **234**
happy **156**
hard **237**
hard of hearing **18**
hard-on **27**
hard-working **158**
hardwood floor **39**
harira **65**
harsh **158**
harvest **151**
Hassan II Mosque **179**
hat **32**
hate **159**
have **234**
hawk **191**
hay **151**
hazelnut **59**
he **216**
head **15**
head office **149**
head quarters **149**
headache **84**
headlight **99**
headline **107**
headphones **116**
headscarf **31**
headstone **4**
heal **87**
healing **87**
health **83**
health club **128**
healthful **52**
healthy **52, 83**
hear **18**
heart **25**
heartbeat **26**
heat **185**

heat up **43**
heater **41, 48**
heatwave **185**
Heaven **163**
heavy **238**
Hebrew **168**
heel **25**
height **28, 198**
Hell **164**
helmet **94**
help **234**
hen **150**
herber soup with meat **64**
here **220**
high blood pressure **85**
high heels **33**
high school **74**
high-rise building **102**
highway **95**
hijab **31**
hiking **133**
hill **180**
hilly **180**
Hindi **168**
Hindu **165**
Hinduism **165**
hippopotamus **190**
hips **25**
history **81**
hit **127, 234**
hitchhike **137**
hitchhiker **138**
hitchhiking **138**
hobby **159**
hockey **126**
hold **24**
holiday **211**
Holland **176**
home loan **104**
homemade bread **61**
homemade cheese **55**

homework 78	ice cream 55	installment 104	Jew 165
honey 62	idiocy 155	intelligence 154, 155	jewelry 36
honeymoon 12	if 224, 226	intelligent 155	Jewish 165
hood 96	Ifrane 179	intend to 234	jinn 163
hook 118	ill 83	intention 162	job 67
hookah 122	illegal 143	intercity bus 92	job interview 68
hope 162	illegible 170	interest 104	jobless 70
horn 193	illiteracy 74	interested in 159	jog 130
horror movie 119	illiterate 74	intermediate 169	jogging 130
horse 151	illness 83	intermission 120	join a gym 128
hose 49	imagination 155	internal organs 25	Jordan 175
hose of shisha 122	imagine 155, 234	international 174	Jordanian 175
hospital 83	imam 72, 165	Internet 89	journey 132
hot 238	immature 2	interrogate 143	jovial 158
hot dog 63	important 237	intersection 95	Judaism 165
hot water 48	impossible 240	interview 68	judge 72, 143
hotel 138	imprisoned 144	intestines 25	judgment 143
hour 213	in 227	into 227	juice 53
house 38	in a bit 213	Iran 177	July 210
house painter 72	in front of 228	Iraq 175	jump 234
housekeeper 39	in one's youth 3	Iraqi 175	jump rope 131
housework 40	in order to 224	Ireland 176	June 210
how 218	in tune 124	iris 16	jungle 181
how big 219	incentive 70	iron 35, 103	junior 80
how far 219	inch 199	ironing board 35	junk food 55
how long 219	income 146	irrigate 151	just 213, 223
how many 219	incorrect 76	is 205	just now 213
how much 218, 219	indefinite 173	Islam 164	just right 35
how often 219	independent 238	Islamic 164	justice 143
how old 219	index finger 24	island 180	kaak 56
humid 188	India 177	issue a visa 134	kangaroo 190
hundred 203	Indian Ocean 181	it 216	keep 234
hundred thousand 204	indigestion 85	Italian 168, 177	kennel 189
	Indonesia 178	Italy 177	ketchup 61
Hungary 177	industry 149	jacket 32	kettle 44
hunger 50	infant 1	jam 62	key 39
hungry 50	infection 87	January 210	keyboard 89
hunt 118	inflect 172	Japan 177	kick 127
hunter 118	inflection 172	Japanese 168	kidney 26
hunting 118	injection 86	jar 65	kill 142
hunting dog 118	injured 85	jaw 15	kilogram 199
hunting rifle 118	ink 108	jazz 123	kilometer 199
hurricane 187	insane 155	jealous 158	kind 158
husband 8	insect 192	jeans 31	kindergarten 74
I 216	inside 223, 227	jellyfish 192	king 125, 139
ice 53	insomnia 46	Jesus 164	king bed 45

254 | Moroccan Colloquial Arabic Vocabulary

kingdom 139
Kingdom of
  Morocco 139
kiss 13
kitchen 42
knee 24
knife 42
knight 125
knit 117
knit one's brow 15
knitting needle 117
know 155
knowledge 155
knuckles 24
koala 190
Korea 177
Korean 168
Kutubiyya Mosque
  179
Kuwait 175
Kuwaiti 175
Labor Day 211
laboratory 77
laborer 72
lake 181
lamb 63
lamp 41
land 136, 180
landlady 38
landlord 38
lane 95
language 168
language academy
  75
laptop 89
large 34, 198
large percentage
  207
larynx 20
last 206
last month 210
last name 14
last night 208
last week 209
last year 212
late 215

later 213
laugh 156
laughter 156
laundry 35
laundry basket 35
lava 182
law 81, 143
lawn 48
lawyer 72, 143
lay an egg 150
lay off 70
lazy 158
leaf 194
learn 74, 169
leash 189
least 220
leather 36
leave 234, 236
Lebanese 175
Lebanon 175
lecture 75
lecture hall 76
lecturer 78
left 93
leg 24, 193
legal 143
legible 170
lemon 59
lemon-yellow 196
lend 104
length 198
lentil sauce 65
lentil soup 64
leopard 190
Lesser Eid 212
letter 106, 170
Levantine Arabic
  169
level 169
liberate 153
liberation 153
library 76, 107
Libya 174
Libyan 174
lice 192
license plate 95

lie 234
life 1
life span 3
lift 102, 130, 232
lift weights 129
light 40, 197, 238,
  239
light a cigarette 121
light blue 196
light green 197
light sleeper 46
light switch 41
lighter 121
lightning 187
like 159
likeable 158
likely 240
line 91
linen 36
linguistics 81
lion 190
lip 19
liquor 54
listen to 116, 123,
  171
listening 171
literate 74
literature 82
little 198, 200
little finger 24
live 1, 234
lively 158
liver 26
living room 41
lizard 191
loan 104
lobby 138
lobster 63
lock 233
locker 129
locker room 129
locust 192
long 198, 237
long hair 20
long johns 30
long time ago 213

long-sleeved shirt 30
loofah 47
look 234
look for 67
look up 171
looks 29
loose 34, 239
lose 127, 234
lose weight 129
lot of 200
louse 192
love 11, 159
love passionately 11
lover 11
lower 131
lower lip 19
lunch 52
lunch break 68, 77
lung 25
lute 124
m'semen 65
magazine 114
maid 39, 72
mail 106
mail carrier 106
mailbox 106
major 80
major in 80
majority 140
make 233
makrudh 56
Malaysia 178
mall 110
mammal 189
man 2
manager 68
mango 59
manual 97
manufacture 149
map 76, 183
march 141, 210
margarine 55
market 110
Marrakesh 179
marriage 12
married 12

married to 12
marry 12
masculine 172
masjid 165
master's degree 81
matches 121
mathematics 82
mattress 45
mature-acting 2
Mawlid 212
maximum temperature 184
May 210
mayonnaise 61
meal 52
mean 234
means of transportation 92
measure 198
measurement 198
meat 62
mechanic 72
medicine 82, 86
Mediterranean Sea 179
medium 34
medium-sweet 54
meet 148
meet up 113
meeting 69, 148
melt 181
member 128
member of parliament 139
membership 128
memory 154
men's clothing 30
merchant 148
merry 158
messenger 163
metal 103
meteorite 182
meter 199
metro 92
metro station 93
Mexico 178

microwave 43
mid-term (exam) 77
middle class 147
middle finger 24
middle school 74
middle-aged 2
midnight 208
migraine 84
mile 199
military 152
milk 55, 150
millennium 213
millimeter 199
million 204
minced meat 63
mind 15, 154
mine 153
mineral water 53
minimum temperature 184
minister 139, 166
ministry 139
minor 80
minority 140
minus 205
minute 213
mirror 48
mischievous 1
miserable 184
Miss 14
miss the bus 92
missile 153
mistake 76
mixed nuts 60
mixer 44
mizmaar 124
mkharka 56
Modern Standard Arabic 169
modest 158
molar 19
mole 23
mom 6
monarchy 139
Monday 209
monetary 146

money 145
monitor 89
month 210
moon 182
mop 40
morning 208
Moroccan 175
Moroccan Arabic 169
Moroccan dirham 145
Moroccan mint tea 54
Morocco 175
mortgage 104
mosque 165
mosquito 192
mosquito bite 192
moss 195
most 200
most people 200
moth 193
mother 6
Mother's Day 211
motorcycle 94
motorway 95
mountain 180
mountain range 180
mountainous 180
mourn 5
mourning 5
mouse 89, 190
mouth 18
mouth wash 48
mouthful 50
mouthpiece of shisha 122
move 125, 234, 235
movie 114, 119
movie star 120
movie theater 119
movie ticket 118
mow the lawn 48
MP 139
MP3 (file) 116
MP3 player 116

Mr. 14
Mrs. 14
mug 54
mule 150
mullet 63
multi-colored 197
multiply 205
mum 194
murder 142
murderer 142
muscle 26
museum 100
mushroom 58
music 123
musical instrument 123
musician 72, 123
Muslim 164
mussel 63
mustache 21
mustard 61
nail 49
naked 27
name 14, 235
named 14
nap 45
napkin 42
narrow 239
narrow street 100
nasal congestion 85
nation 140, 174
nationality 174
native language 168
naughty 1
nauseous 85
navel 25
navy 152
navy blue 196
near 228
nearly 220
necessary 237
neck 19
necklace 37
necktie 31
negotiate the fare 93

nerves 26
Netherlands 176
neuter 172
never 221
new 237
New Testament 167
New Year's Day 211
New Year's Eve 211
New Zealand 178
newlyweds 12
news 115
newspaper 107, 113
next month 211
next to 228
next week 209
next year 212
nice 158, 184
Nigeria 176
night 208, 214
night shift 69
nightgown 32
nightmare 45, 46
nine 202
nine hundred 204
nine thousand 204
nineteen 203
ninety 203
ninth 206
nipple 25
niqab 31
no 200, 241
no one 216
no students 200
noisy 239
nominate 140
nomination 140
non-express train 137
non-smoker 121
none of 200
noon 208
noon prayer 166
north 183
North America 180
north pole 183
northeast 183

northern 183
northwest 183
Norway 176
nose 17
nostrils 17
not working 69
notebook 76
nothing 217
noun 172
novel 107, 114
November 210
now 213
nowhere 221
number 202
number plate 95
numeral 202
nun 166
nurse 72
nurse (female) 83
nurse (male) 83
nut 59
nutmeg 60
nuts 27
nylon 36
o'clock 215
oak tree 194
oasis 182
object 173
obtain 234
obtain employment 68
obvious 237
occupation 153
occupy 153
ocean 181
October 210
octopus 63
odd 202
off 229
off work 69
offer 235
office 69, 149
office building 102
office worker 69
often 221
oil 64

oily 64
okay 161
okra 58
old 2, 237
old age 3
old man 2
old woman 2
olive 58, 196
olive complexion 22
Oman 175
Omani 175
omelet 62
on 227
one 202
one-way ticket 136
onion 58
online 89
onto 227
open 235, 239
open a file 89
open one's eyes 16
open one's mouth 18
operate 87
operation 87
ophthalmologist 83
opinion 161
opposite 228
or 224
oral exam 77
orange 59, 196
orange juice 53
orchard 151
orchestra 124
order 235
ordinal number 206
oregano 60
organize 231
orphan 10
orphanage 10
orzo soup 64
ostrich 191
Ouarzazate 179
oud 124
out of 227
out of tune 124

outer space 182
outside 223
outside of 227
oval 198
oval-shaped 198
oven 43
over 227
overpass 95
overseas 223
overtake 94
overweight 29
oyster 64
P.E. 82
Pacific Ocean 181
pack of cigarettes 122
pack one's suitcase 133
package 106
pagan 164
paganism 164
page 107
page number 107
pain 84
paint 117
painter 72
painting 40, 117
pajamas 32
Pakistan 177
Palestine 175
Palestinian 175
palm 24
palm tree 194
palpitate 26
pan 43
pant leg 31
panties 30
pants 31
panty hose 30
paper 78, 108
paperclip 108
Paradise 163
paragraph 173
parcel 106
parentheses 173
parenthesis 173

parents 6
park 95, 100
park on the street 95
parking garage 95
parking lot 95
parliament 139
parrot 191
parsley 60
part-time 67
party 140
pass 94, 235
pass a test 77
pass away 4
pass gas 28
passenger 94
passing 4
passing grade 78
passion 11
passport 134
passport photo 134
password 90
past 229
past tense 172
pasta 61
pastor 166
pastries 56
patch 117
patient 83
pause 116
pavement 94
paw 193
pawn 126
pay by credit card 109
pay for 109
pay in cash 109
pay in installments 104
pay off 104
pay raise 70
pay taxes 146
pay the bill 112
payday 69
payment 104

payment on a loan 104
pea 58
peace 152
peach 59
peacock 191
peanut 60
peanut butter 60
pear 59
pedal 93, 97
pedestrian crossing 95
pedestrians 94
pee 27, 28
pee-pee 27
pen 108, 150
pencil 108
penguin 191
peninsula 180
penis 27
penmanship 170
pension 70
penthouse apartment 38
people 140
peppermint 60
percent 207
percentage 207
perform prayer 165
perform ritual ablutions 165
perform surgery on 87
period 75, 173, 212
period piece 120
person 2
personal trainer 128
personality 158
pet 189
pet food 189
petal 194
petite nose 17
petrol 98
pharmacist 72
Philippines 178
philosophy 82

phone 91
phone call 91
phone number 91
photo 118
photocopy 108
photocopy machine 108
photograph 118
photographer 118
photography 118
physical education 82
physics 82
piano 124
piano keys 124
pick one's nose 17
pick up 95, 232
pick-up truck 92
pickpocket 142
picture 40
pie 56
piece 125
pierced ears 18
pig 150
pigeon 191
pill 86
pillow 45
pillowcase 45
pilot 72, 136
pimple 22
pin 108
pine tree 194
pineapple 59
pink 196
pinky 24
pipe 121
piss 27
pizza 55
plains 181
plan 154
plan on 154
planet 182
plant 151, 194, 195
plant pot 195
plaster 86
plastic bag 111

plastic surgeon 87
plastic surgery 87
plate 42
plateau 180
platform 137
play 119
play (a CD, song) 116
play (an instrument) 124
play a game 125
play a role 120
play against 127
play billiards 125
play cards 125
player 127
playground 77
plead 232
pleasant 158
please 241
plow 151
plug 41
plug in 41
plum 59
plumber 72
plump 29
plural 172
plus 205
pocket 33
poem 107
poet 107
poetry 107
point 24
Poland 177
polar bear 190
police officer 72
police station 100
polish one's shoes 33
political 141
political party 140
political science 82
politician 72, 141
politics 141
polo shirt 30
pomegranate 59

ponytail 21
poop 28
poor 146
pop music 123
popcorn 119
pope 166
poppy 194
popular music 123
pork 63
porter 138
Portugal 176
Portuguese 168
possible 240
post office 100, 106
postcard 106
poster 40
posterior 27
postpone 148
pot 43
potato 58
potato chips 56
potato salad 58
pound sterling 145
poverty 146
practice 169
praise 159
pray 163
prayer 163, 165
preach 165, 166
predict 155
prediction 155
prefer 160
pregnancy 87
pregnant 87
prepare 235
preposition 172
preschool 74
prescription 86
present tense 172
president 139
presidential term 140
price 109
priest 73, 166
primary school 74
prime minister 139

prince 139
princess 139
principal 78
print 90, 107
printer 90
prison 143
prisoner 144
private parts 26
private sector 67
probable 240
problem 84
professor 73, 78
prohibit 235
promoted 70
promotion 70
pronounce 171
pronunciation 171
prophet 163
Prophet Muhammad 164
proposal 149
propose 235
prose 107
prosecutor 143
protein 62
protest 141
protester 141
proud of 157
province 141
pseudonym 14
psychology 82
public sector 67
publish 107
pull 130
pull-ups 130
pulpit 166
pulse 26
punctuation 173
punctuation mark 173
pungent 52
punish 235
punishment 143
pupil 16
puppet 125
purple 197

purse 31
pursue 232
push 130
push-ups 130
pushpin 108
pussy 27
put 235
put aside 105
put in one's pocket 33
put on 34
put on lotion 22
put on one's seatbelt 98
put on sunblock 133
put on sunscreen 22
Qatar 175
Qatari 175
quarter 207
queen 125, 139
queen bed 45
question 75
question mark 173
quick 238
quickly 220
quiet 239
quilt 45
quit 234
quit one's job 70
quit smoking 121
quotation mark 173
Quran 166
Rabat 179
rabbit 190
radio 116
radio station 116
radish 58
railroad 137
rails 137
railway 137
rain 186
rainbow 186
raise 70
raise one's hand 76
Ramadan 212
rap 123

rape 142
raspberry 59
rat 190
raven 191
ravine 180
razor blade 48
read 113, 169
reading 169
reading glasses 36
ready 238
real estate agent 73
reality TV show 114
rear view mirror 96
receipt 109
receive 234
receiver 91
recess 77
recipe 43
recite the Quran 166
recommend 231
record 116
recovery 87
recruit 152
rectangle 198
rectangular 198
red 196
red hair 20
red light 95
red wine 54
reduce 233
redundant 70
reference book 107
reform 140
refrigerator 42
refund 111
related to 6
relative 6
relax 113
relaxation 113
religion 163
religious 163
remarry 13
remember 154
remind 154
rent 38

rent an apartment 38
renter 38
repairman 73
repeat 171
repetition 171
reply 231
report card 78
reps 130
reptiles 191
republic 139
request 235
reservation 138
reserve 138
residence permit 134
resign 70
respond 231
rest 113
restaurant 101, 112
restless 46
retire 70
retirement 70
return 111
reverse (gear) 97
review 78
revise 78
revolution 141
rewind 116
rfissa 65
rhinoceros 190
rial 145
rib 26
rice 61
rice pudding 56
rich 146
ride a bicycle 93
right 76, 93, 238
right away 213
right now 213
right of way 94
ring 36, 91
ring finger 24
ringtone 91
river 181
roast 64

rob 142
rock music 123
roll the window down 96
roll the window up 96
romance 11
Romania 177
romantic comedy 119
roof 38, 98
rook 126
room 39, 138
rooster 150
rose 194
rosemary 60
rot 51
rough 239
round-about 95
round-trip ticket 136
rouse 46
royalty 139
ruby 37
rule over 139
ruler 108
run 130
run a blood test 86
run a red light 95
running machine 130
runny nose 17
rush hour 94
Russia 177
Russian 168
sad 156
sage 61
Sahara 179
sailor 73, 152
salad 58
salad dressing 58
salary 69
sale 110
sales tax 146
salesperson 73
saliva 19
salmon 63

salsa 61
salt 61
salty 52
same 239
sand 132
sand dunes 181
sandals 33
sandcastle 132
sandstorm 187
sandwich roll 61
Satan 164
satellite dish 116
satiated 51
Saturday 209
sauce 61
Saudi 175
Saudi Arabia 175
sausage 63
save 89, 105
savings 105
savings account 104
saw 49
say 235
scale 131
scan 90
scanner 90
scar 23
scarf 32
scholarship 79
school 74
school bus 77
school yard 77
school year 79
science 82
science fiction 120
scissors 108
sclera 16
score 127
score a goal 126
scorpion 193
Scotland 176
scowl 15
screen 89, 119
screening room 119
screw 49
screwdriver 49

scrotum 27
scuba diving 133
sea 181
seafood 63
seagull 191
seal 190
sealion 190
seaside 132
seaside resort 132
season 115, 211
seat 119
second 206, 213
second class 136
secondary school 74
secretary 73, 139
secular 163
see 17
seed 195
selfie 118
sell 109
semester 79
seminar 149
semolina bread 62
send 106
send a text message 91
send an e-mail 90
senior 80
sense of smell 18
sentence 143, 173
sentenced 143
September 210
series 115
serious 158
sermon 166
servant 73
serve a customer 110
service 112
set 130
set down 235
set the table 42
settle 104
seven 202
seven hundred 204
seven thousand 204

seventeen 203
seventh 206
seventy 203
several 201
several people 201
sew 117
sewing machine 117
sewing needle 117
sex 13
sexual organs 26
shallow 237
shampoo 47
shape 198
shark 63, 192
sharp 239
sharpen a pencil 108
shave 22, 48
shave one's head bald 21
shaving cream 48
shawarma sandwich 65
she 216
sheep 150
shelf 39
shellfish 64
shepherd 150
shin 24
ship 92
shipping 92
shirt 30
shisha 122
shit 28
shoe 33
shoe polish 33
shoe size 33
shoelaces 33
shoes 33
shop 110, 148
shop assistant 73, 110
shop keeper 110
shopkeeper 73
shopping 109
shopping (for clothes) 109

shopping area 110
shopping center 110
shopping mall 110
short 28, 198, 237
short hair 20
short-sleeved 30
shorts 31
shot 86
shot, injection 86
shoulder 25
shoulder-length hair 21
shovel 49
show 235
show (a movie) 119
shower 47
shrimp 64
shrub 194
shutters 39
shy 158
siblings 7
sick 83
sickness 83
side view mirror 96
sideburns 21
sidewalk 94
sign 105
signature 105
silent mode 91
silk 36
silver 37
similar 239
sin 164
since 215
sing 123
singer 123
singing 123
single 12
single bed 44
single room 138
singular 172
sink 44, 48, 235
sip 50, 64
sister 7
sit-ups 130
sitcom 115

six 202
six hundred 204
six thousand 204
sixteen 203
sixth 206
sixty 203
size 34, 198
skeleton 26
sketch 117
ski 127
skiing 127
skin 22
skinny 29
skirt 31
skull 15
skull cap 32
skunk 190
sky 182, 185
skyscraper 102
sleep 45
sleep together 13
sleep with 13
sleepwalk 46
sleepy 45
sleeve 30
slice 43
slice of bread 61
sliced bread 62
slippers 33
Slovakia 177
slow 238
slow down 97
slowly 220
slurp soup 64
small 34
small 198
small bird 191
smell 17
smile 18, 156
smoke 121
smoke a shisha 122
smoker 121
smoking 121
smooth 239
smuggle 134
snack 53

snail 193
snake 191
sneeze 17
snore 46
snorkel 133
snot 17
snow 186
so 224
so that 224
soap 48
soccer 126
soccer field 126
soccer game 126
soccer match 114
sociable 158
social 141
social studies 82
society 141
socket 41
socks 34
soda 53
sofa 41
soft 237
soil 180
soldier 73, 152
sole 25
Somali 176
Somalia 176
some 200
some day 213
some people 200
somehow 221
someone 216
something 217
sometime 221
sometimes 221
somewhere 220
son 7
song 116, 123
soon 213
sophomore 80
sore throat 85
soul 163
soup 64
sour 52
south 183

South Africa **176**
South America **180**
south pole **183**
southeast **183**
southern **183**
southwest **183**
soy sauce **61**
space **182**
Spain **176**
Spanish **168**
spanner **49**
spare tire **97**
speak **170**
speakers **116**
speaking **170**
spearmint **60**
specialist **83**
spectator **120**
speech **170**
speed **98**
speed limit **95, 98**
speed up **97**
speedometer **98**
spell **170**
spelling **170**
spices **60**
spicy **52**
spider **193**
spider web **193**
spinach **58**
spine **26**
spit **19**
spittle **19**
splint **86**
sponge **47**
spoon **42**
sport **126**
sporting event **114**
sports program **114**
sprained ankle **86**
spring **211**
square **100, 198**
square meter **199**
square-shaped **198**
squid **64**
squirrel **190**

stable **151**
staircase **102**
stairs **102**
stale **51**
stalk **194**
stamp **106**
staple **108**
stapler **108**
star **120, 182**
start **232**
start a car **98**
start one's own business **148**
start university **79**
start work **68**
state **141**
stationary bicycle **130**
stationery **108**
stationery shop **107**
stationery store **108**
stay **235**
stay late at the office **69**
stay up all night **46**
stay up late **46**
steak **63**
steal **142**
steel **103**
steer **96**
steering wheel **96**
stem **194**
stepbrother **8**
stepdaughter **8**
stepfather **8**
stepmother **8**
stepsister **8**
stepson **8**
stereo **116**
stick shift **97**
stick-shift **97**
still **222**
stitch **86**
stitches **86**
stomach **25**
stomachache **85**

stop **94, 116**
store **110, 148**
stork **191**
storm **187**
story **38, 102, 107**
stout **29**
stove **43**
straight **93**
straight hair **21**
strange **158**
strawberry **59**
stream **181**
street **100**
strong **237**
structure **102**
stubble **22**
student **74**
student loan **79**
studies **75**
study **75, 78**
stupid **155**
stupidity **155**
subject **81, 173**
subtract **205**
subway **92**
succeed **235**
suckle **1**
Sudan **174**
Sudanese **174**
sugar **61**
suggest **235**
suit **31**
suit jacket **31**
suitcase **133**
summer **211**
summer vacation **77**
summit **141**
sun **182, 185**
sun umbrella **132**
sunbathe **133**
sunburn **132**
Sunday **209**
sunflower **194**
sunglasses **36**
sunlight **182**
Sunnah **166**

sunrise **183**
sunset **183**
sunset prayer **166**
supermarket **100, 110**
superstition **164**
superstitious **164**
sura **166**
sure **161**
surface area **198**
surgeon **87**
surgery **87**
surprise **156**
surprised **157**
surprising **157**
surrounding **228**
swallow **20, 50, 191**
swamp **181**
swan **191**
sweat **23**
sweater **30, 32**
sweatshirt **30, 32**
sweaty **23**
Sweden **176**
sweep **40**
sweet **52, 54, 158**
sweet pepper **57**
sweet potato **58**
sweets **56**
swim **133**
swimming **133**
swimming pool **133**
swimsuit **32**
Switzerland **177**
syllable **173**
Syria **175**
Syrian **175**
t-shirt **30**
table **39**
table for two **112**
table manners **65**
tail **193**
Taiwan **177**
tajine **65**
take **92, 96, 234, 236**

take off **34, 136**
take out of one's pocket **33**
talk show **115**
tall **28, 198, 237**
talon **193**
tan **133**
tangerine **59**
Tangier **179**
tanjia **65**
tank **153**
tanned **133**
tape **108**
task **67**
taste **18, 51**
tasty **51**
tattoo **23**
tax **146**
taxi **93**
taxi driver **73, 93**
taxi meter **93**
tea **44, 54**
teach **78**
teacher **73, 78**
team **127**
tear **17, 236**
teats **193**
technician **73**
technology **89**
teddy bear **125**
teenager **2**
telephone **91**
television **41, 114**
tell **235**
temperature **184**
ten **202**
ten thousand **204**
tenant **38**
tennis **127**
tennis ball **127**
tennis court **127**
tennis net **127**
tennis racket **127**
tense **172**
tent **133**
tenth **206**

test **77**
testicles **27**
textbook **76**
Thailand **177**
thank **236**
thank you **242**
thankful **157**
that **216**
the back seat **96**
theater **77, 120**
theft **142**
there **220**
these **216**
thesis **81**
they **216**
thief **142**
thigh **24**
thimble **117**
thin **29**
thin lips **19**
think **161**
think about **154**
third **206, 207**
third class **136**
thirst **51**
thirsty **51**
thirteen **203**
thirty **203**
this **216**
those **216**
thousand **204**
thread **117**
three **202**
three hundred **203**
three thousand **204**
thriller **120**
throat **20**
through **228**
throw **127**
throw away **44**
throw up **85**
thumb **24**
thunder **187**
Thursday **209**
thyme **61**
thyroid gland **26**

ticket **135**
tidy up **40**
tie **236**
tie one's necktie **31**
tie one's shoes **33**
tiger **190**
tight **34, 239**
tights **30**
tiles **39**
time **208**
times **206**
tip **112**
tipsy **55**
tire **97**
tired **157**
tiring **137, 157**
to **227**
toast **62**
toaster **44**
tobacco **121**
today **208**
toddler **1**
toe **25**
toilet **47**
toilet paper **47**
tomato **58**
tomato puree **61**
tomato sauce **61**
tomorrow **208**
tomorrow evening **209**
tomorrow morning **208**
ton **199**
tongue **18**
tonight **208**
tonsils **19**
tools **49**
tooth **19**
toothache **88**
toothbrush **48**
toothpaste **48**
top floor **102**
topaz **37**

tornado **187**
tortoise **191**
totaled **99**
touch **236**
toupee **21**
tour **132**
tour guide **132**
tourism **132**
tourist **132**
tourist police **132**
tourist visa **134**
toward **229**
towel **47**
towel rack **47**
tower **102**
town **100**
toy **125**
track **116, 137**
tractor **151**
trade **70, 148**
traffic **94**
traffic jam **94**
traffic light **95**
train **136, 189**
train car **137**
train station **136**
training session **128**
transfer **136**
transportation **92**
travel **132**
travel abroad **134**
travel agent **73**
traveling **132**
tray **43**
treadmill **130**
treat **87**
treatment **87**
tree **194**
trek **133**
triangle **198**
triangular **198**
trim one's beard **22**
trip **132**
tropical **188**
tropics **181**
truck **92**

trunk 96, 194
try 236
Tuesday 209
tuition 79
tuk-tuk 94
tulip 194
tuna 63
tune (a guitar) 124
Tunisia 174
Tunisian 174
Tunisian Arabic 169
tunnel 180
turban 32
turkey 151, 177
Turkish 168
Turkish coffee 54
turn 125
turn down 115
turn off 41, 89, 98, 115
turn on 41, 89, 115
turn signal 96
turn up 115
turnip 58
turquoise 197
turtle 191
TV program 114
TV show 114
twelve 203
twenty 203
twilight 183
twin bed 44
twin room 138
twins 7
Twitter 90
two 202
two hundred 203
two thousand 204
two-story apartment 38
typewriter 108
typhoon 187
tyre 97
udder 193
ugly 29
Ukraine 177

unbutton 33
uncle 9
unclear 238
uncomfortable 137
under 227
undergo surgery 87
undergraduate student 81
undergraduate studies 81
underground 92
undershirt 30
understand 154
understanding 154
underwear 30
undressed 34
unemployed 70
unemployment 70
unhealthy 52
uniform 31
United States 178
universe 182
university 79
university campus 80
University of Al-Qarawiyyin 179
unmarried 12
unpack one's suitcase 133
unplug 41
untie one's shoes 33
until 215, 225
unzip 33
upload 90
upper class 147
upper lip 19
upset 156
upstairs 223
urinate 27
urine 27
use 236
use birth control 88
useful 239
useless 239
username 90

usually 221
vacation 132
vacuum 40
vacuum cleaner 40
Valentine's Day 211
valid 134
valley 180
vandalism 142
vandalize 142
vanilla 61
vase 42
VAT 146
vegetable 57
vegetable oil 64
vegetable sauce 65
vegetable soup 64
vein 26
Venezuela 178
verb 172
verse 166
very 222
very good 222
veterinarian 73
vibration 91
vice president 139
Vietnam 178
village 100
vine 195
vinegar 61
vinyl record 116
violet 194, 197
violin 124
visa 134
vision 17
visit 117
vocabulary 171
volcano 182
volleyball 127
volleyball net 127
volume 115, 198
vomit 85
vote 140
voter 140
vowel 173
vulture 191
wafer 56

wage 69
waist 25
wait 236
waiter 73, 112
waiting room 136
waitress 73, 112
wake up 46
Wales 176
walk 236
wall 40
wall clock 40
wallet 31
walnut 60
want 162
war 152
wardrobe 46
warm 238
warmth 185
wash one's face 48
wash one's face 15
wash the windows 40
washing machine 35
wasp 193
watch 31
watch TV 41, 114
water 53, 180, 195
water-pipe 122
waterfall 181
wave 133
we 216
weak 237
wealth 146
wear 34
wear a hearing aid 18
wear glasses 17
wear one's seat belt 98
weather 184
weather forecast 187
weather report 115
web page 90
website 90
wed 12

wedding **12**
wedding anniversary **12**
wedding ring **36**
Wednesday **209**
weed a garden **195**
week **209**
weekday **209**
weigh **199**
weigh oneself **131**
weight **28, 199**
weight machine **129**
welcome **236, 244**
well **222**
well-behaved **1**
west **183**
western **183**
wet **239**
whale **190**
what **218, 226**
what time **215, 218**
wheat **151**
wheelchair **83**
when **215, 218, 226**
where **218, 226**
whether **224**
which **218**
while **226**
white **196**
white hair **20**
white wine **54**
whiteboard **76**
who **218, 226**
whole **206**
whom **218**
why **218, 226**
wide **239**
widow **13**
widowed **13**
widower **13**
width **198**
wife **8**
WIFI **89**
wig **21**
win **127**
wind **186**
window **39, 96, 106**
window seat **135**
windshield **96**
wine **54**
wing **193**
wink **16**
winter **211**
winter vacation **77**
wish **162**
with **229**
with little sugar **54**
withdraw **105**
without **230**
without sugar **54**
wolf **190**
woman **2**
Women's Day **212**
women's clothing **30**
wood **103**
wool **36, 117**
word **171**
word order **173**
work **67**
work one's abs **130**
work out **128, 205**
work overtime **69**
work permit **134**
workday **209**
working class **147**
working hours **69**
workout **128**
workout clothes **129**
worldwide **174**
worm **193**
wound **85**
wrap **111**
wrench **49**
wrinkled **35**
wrinkles **23**
wrist **23, 24**
write **169**
write a check **105**
writer **73, 107**
writing **169**
written exam **77**
wrong **76, 238**
wrong number **91**
x-ray **86**
yard **49**
yawn **19**
year **3, 212**
yeast **62**
yellow **196**
yellow light **95**
Yemen **176**
Yemeni **176**
yes **241**
yesterday **208**
yesterday morning **208**
yet **222**
yield to **94**
yoga **130**
yoghurt **55**
yolk **62**
you **216**
you're welcome **244**
young **2**
youth **2, 3**
Youth Day **211**
zaalouk **65**
zebra crossing **95**
zero **202**
zip up **33**
zip-up sweater **32**
zipper **33**
zlabia **56**
zucchini **58**

Visit our website for information on current and upcoming titles, free excerpts, and language learning resources.

www.lingualism.com

www.ingramcontent.com/pod-product-compliance
Lightning Source LLC
Chambersburg PA
CBHW070130080526
44586CB00015B/1636